搶登釣魚台

——歷史見證

劉永寧 著

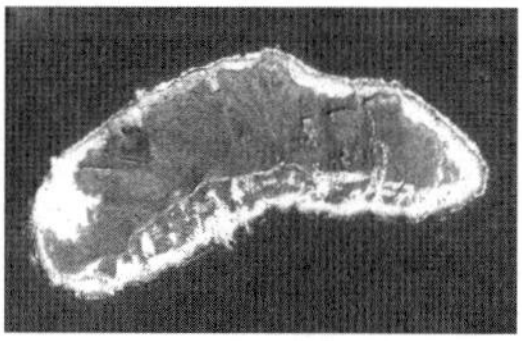

LITERARY TIMES
博客思出版社

保衛釣魚台

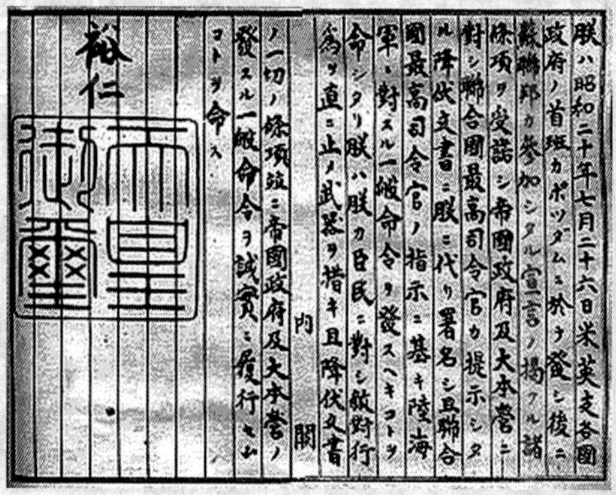

朕ハ昭和二十年七月二十六日米英支各國政府ノ首班カポツダムニ於テ發シ後ニ蘇聯邦カ參加シタル宣言ノ揭クル諸條項ヲ受諾シ帝國政府及大本營ニ對シ聯合國最高司令官カ提示シタル降伏文書ニ朕ニ代リ署名シ且聯合國最高司令官ノ指示ニ基キ陸海軍ニ對スル一般命令ヲ發スヘキコトヲ命シタリ朕ハ朕カ臣民ニ對シ敵對行為ヲ直ニ止メ武器ヲ措キ且降伏文書ノ一切ノ條項竝ニ帝國政府及大本營ノ發スル一般命令ヲ誠實ニ履行セムコトヲ命ス

內閣

裕仁

天皇御璽

日天皇降書

密蘇里戰艦上，日本簽下降書，無條件投降

日本海上保安廳的船艦，時常衝撞我方在釣魚台海域附近作業的漁船

作者（左二）和「海憲號」愛國者一起登島

1970年9月2日，登上釣魚台（左一為作者）

釣魚台

釣魚台，我們就從此島的右邊上島

馬英九總統在彭佳嶼宣稱：釣魚台共同開發

保釣大遊行

尋章究簡，萬語千言，就只是要講幾句話：
中國近代史有二次遭列強聯合侵略，一次是八國聯軍，屬武力入侵；另一次就是釣魚台被竊佔，實為陰謀詭計。
這裏揭發釣魚台紛爭的所有內幕，並述說兩岸主政者的失誤；以及兩岸分裂，令列強有機可乘之經緯。
此等教訓，不可或忘。

從史跡發掘智能——序永寧新著《搶登釣魚台》

楚崧秋

距離台灣北東方只有九十海浬，有一面積狹隘的島嶼，數百年來，一向人跡杳然，舟不近岸。直到近三、四十年前，主要由於地緣位置，才為有關各方密切注意，這個孤島就是釣魚台。近年更為先聲奪人，排斥異己，幾乎鬧得天翻地覆，其中介入最甚的中美諸強，曾揚言不惜以武力爭取和捍衛其控制權。

這齣為此小島而爭霸的戲，究竟是「因何」與「為何」而上演得如此驚天動地，釀成舉世矚目的呢？一說是有關諸強，為力圖掌握這塊東太平洋戰略帶上的踏腳石；更具體的說法，則是為了此一島嶼本身及其周遭海域的資源，因曾有專家估算：蘊藏的天然氣與石油可能產量，多達二、三千億乃至兆噸以上。

姑不論斷有關各國的最大目的及其企圖究竟何在？所採手段和方式又如何酷烈？鐵一般的事實則是：中國自鄧小平執政崛起，二十餘年以來，後任者大都繼志承烈，走改革開放路線，巍然成為世界強權之一，與美、俄鼎足而三。今日其領導當局更急切結好印度，企圖形成對東南太平洋地域深入掌控的態勢。

在這個戰略大勢之下，未來近半世紀的走向及其發展，應屬不難想像。釣魚台因前述諸因素，難免不是一個驚濤駭浪中的多事之島！我朝野當道，允宜面對現實，胸有成竹地作一切可能變局的籌算。

資深新聞人劉永寧弟台，偕同多位愛國護台的先進記者，忠於職守，獨具胸懷，早於四十二年前，即一九七〇年的九月二日，毅然乘「海憲號」小舟，與船員多位共同護衛中華國旗登上島嶼，並在島石上善意刊留「蔣總統萬歲」五個大字，無疑這是一宗高昂的愛國護台壯舉。

這一局險棋、一樁青史，已見於本年九月七日《中國時報》對劉老弟的大幅專訪，此短序應無需贅言。吾人正盼其所撰專書《搶登釣魚台》，早日問世。承其厚意，於梓行前夕，索序於崧，謹佈赤忱，略獻微詞，期與諸位讀者和同胞共勉，並請賜教。

民國一〇一年十一月十日

釣魚臺與我　序文

彭友生

釣魚臺事件發生時，我正在基隆一所高級中學講授歷史，赫然見報第一個登上釣魚臺插上國旗的英雄，乃是曾為我學生的劉永寧！回想劉生念高中時，並非死啃書本的用功學生。五十年代考大學比今天要難，面對八大本中外歷史課本，有如一部廿五史不知從何讀起之感。而劉生能刪繁去冗，舉要提綱，終以歷史最高分擠進大學，選讀了新聞系，以優異成績畢業而為《中國時報》網羅為採訪記者，每於重大社會新聞報導，研判正確，分析詳允，其文筆之流暢，令讀者感佩，遂為報社器重，因而榮任登釣魚臺插國旗護國土之重任。那時釣魚臺純為一個無人煙的荒島，隨時都有可能發生無法預測的危險，劉永寧等四位記者毫無畏懼，毅然勇往達成任務。

消息傳開，立即掀起一股海內外的「反日保釣魚臺」運動。劉記者預感這一運動，勢將持續發展，甚至擴大為國際紛爭，於是將報章雜誌上有關釣魚臺的新聞資料一一剪下，或作筆記，放入大牛皮紙袋中。四十三年來未曾中斷，一共累積了十七大袋，一千七百零九條。此外並旁及中外史料事變數十種，然後細述其經過，追根究底，不偏不斜向讀者作中肯交待，彙集成書曰：《搶登釣魚台》（以下簡稱「劉著」），使吾人今天能看琉球和釣魚臺的歷史全豹，其用心良苦，功莫大焉。余詳讀此書，誠然，「不載荒唐之說，不窮幽渺之辭，雖博之詳徵，而其旨必軌於正」，其剖析事理之縝密清晰，可以媲美漢、宋兩大司馬史家。茲囑余為之作序，故樂而從之，並深感榮焉。

中國人與琉球群島之關係，早從戰國時代即已開始，有考古學家在琉球群島出土之中國古物為證；有琉球語言保存我國古音為證。至於中國之經營琉球，亦早從三國時代開始，中國正史《三國志》、《隋書》都有記載。而當時之日本還不成為一個國家，被稱之為「倭奴」。琉球則已在明初洪武五年（西元一三七二年）正式封為琉球王，向明廷稱臣入貢。明清均以重臣為使，琉球政府並在那霸港口建立迎恩亭，宮中建天使館，稱中國為父國，自認為藩屬。

日本維新以後，積極對外擴張勢力，以琉球為首一目標，乃於清同治十年（西元一八七一年），時有琉球漁民在海上作業，遭遇颱風，漂流臺灣南部為生番殺害，日本竟擅自以琉球宗主國自居，於清同治十三年（西元一八七四年）派兵入侵臺灣，其後雖被清廷驅走，但日本卻肆無忌憚，於清光緒五年（西元一八七九年）命琉球王斷絕與中國往來，繼之派軍警強行侵佔，迫使琉球王遷居東京，改琉球為日本沖繩縣。琉球人民深感亡國之痛，多方派人請求清廷援助，並表示「生不為日本屬民，死不為日本屬鬼，雖糜身碎首，亦所不辭」。然以中國此時，正值伊犁問題與俄國瀕於戰爭邊緣，因對琉球問題之交涉遂予延宕。

劉著本著他挖新聞的經驗與其智慧，從歷史文獻中指出琉球群島與尖閣群島（釣魚臺為其中一部分）並為隸屬關係，尖閣群島，我國漁民俗稱「尖頭群島」，因為島小山高，遠遠望去，只見山頭之故。全島共有小島八個，其中以釣魚臺最大。主峰海拔三六九公尺，面積有二點五平方公里，水深一二〇公尺，南面懸崖，北面傾斜。與琉球群島間之海溝，深達二千公尺以上，自古即為中琉海上航路的指標。劉著從史籍中找出了我國在明、清間前後派往琉球的「天使」有廿四任，他們都留下所見所聞的真實紀錄，有的還繪製地圖，在在證明琉球群島與釣魚臺等島群為中國固有領土。釣魚臺群島與我臺灣北部沿海區，同屬一個季風走廊和黑潮走廊，自然成為我漁民謀生之重要領域。再因「海流」影響，有史以來，只有基隆、宜蘭等地漁民可以容易到該島附近作業。所以釣魚臺一直被列為臺灣省宜蘭縣頭城鎮大溪里之管轄區。

第二次大戰結束，美軍佔領琉球，停止日本在該島之行政權。日本投降時表示接受一九四三年，中美英三國共同發表之「開羅會議宣言」及一九四五年的「波茨坦宣言」，依據兩個會議的宣言，日本應該被逐出於其暴力或貪歛所攫取之所有土地，其主權應限於本州、北海道、四國、九州四大島，應將過去盜取清朝之一切地域歸還中華民國。可見琉球已非日本的主權所及的地區，其歸屬問題，自不容有所變更，縱有問題，亦應由當年參加的盟國大家共同商議，方能有所決定。既然如此，又何以有今日釣魚臺主權之爭？

劉著指出開羅會議是二次世界大戰結束後，戰勝國中美英蘇準備分紅利與國家利益有大關連。其鬥爭技倆比在戰場上還驚險，不但鬥智，還要鬥膽。本來琉球群島原決議為中美兩國共管，後來為什麼變成由美國獨管？劉著特別引述了蔣介石的日記，蔣氏以為已亡失了五十年和十八年的臺灣、澎湖和東北四省的領土，而能獲得美英共同聲明歸還我國，實為古今中外未曾有之成功也，故不提琉球共管問題，衡量當時國際情勢，有不得已的苦衷，「非不為也，實不能也」。劉著更指出美國對琉球群島表面可「共管」，骨子裡則欲「獨管」。從美國公佈的文獻中顯示，一是基於戰略地位的重要；二是國務卿公佈的對華政策乃是根據民族利己主義而定。所以時至今日，美國乃在琉球群島擁有亞洲最大的軍事基地。

接下來劉著指出造成今日釣魚臺成為國際爭端都是美國的始作俑者，一是海洋學家艾默利的報告，指出釣魚臺海底蘊藏豐富的石油，但究竟多少藏量只是一種預測，開採的技術能否克服也存疑。根據經驗，石油能左右國家的存亡，保有島上主權才能控制海底石油，日本乃計畫派公務員駐上釣魚臺，中共的船艦、飛機已不斷的靠近巡弋。日本執政者更積極於統一釣魚臺。劉著說這顯然是由爭地爭油，演變為爭「氣」了，並已從經濟層面轉變為戰略方向了，再因美國不懷好意的介入，整個東亞正風雲詭譎，高潮頻起。二是琉球託管局擅自宣佈所謂「27號令」，把原屬臺灣省宜蘭縣的釣魚臺群島劃入琉球群島。日本原本佔有琉球，這更順理成章的佔有釣魚臺群島了。劉著說：「美國僅係代表聯合國託管琉球群島，並非代表國際法院，美國也不是釣魚臺列嶼的當事國，美國並無權將非屬於美國的領土交付於日本。」三是美國總統尼克森和日本首相佐藤榮作簽訂《沖繩協定》，把琉球群島及釣魚臺群島全部領土主權交給日本政府，而日本政府認為這是在二次世界大戰以前就擁有的。但那不是日本固有的，而是侵略搶奪來的。這等於一個強盜搶劫銀行得手後，然後說鈔票是他的。曾任中華民國兩任總統的李登輝，一再說「琉球是日本的」，就是這種赤裸裸的強盜邏輯。

美國人先把中國的釣魚臺領土劃入琉球群島，繼之又全部把琉球和釣魚臺群島交給日本，都未曾與中華民國作任何商議，琉球是由當年開羅會議同盟國共同決議，於今美國擅自行動，劉著在書中已大大譴責其不當。而中國的領土也就白白被轉送搶走。由於國勢正處在內憂外患最惡劣的環境下，蔣介石在日記中「痛心」而已，外交部也只能一再發表「不承認美日的勾結」，堅決主張維護琉球、釣魚臺領土的主權，最後把聲明文書歸檔塵封了事。學者們雖紙上談兵，搖頭嘆息一番後，也煙消雲散。現在時過境雖未遷，試問現在有多少國人知道日本侵略釣魚臺的過程?嗟乎「往者已矣，來者可追。」所幸我們的大記者挺身而出撰編此書，氣勢磅礴，橫掃千軍，其於是書可不熟讀而深考乎。

日本人讀之，對其強奪巧取的行為能不汗顏乎！

美國人讀之，對其利己損人的心機能不羞愧乎！

國人讀之，必將同仇敵愾，從而奮發圖強，創造歷史重演，亦如昔日光復臺澎史例光復琉球、釣魚臺，是所願也，願共勉之。

身經百役的勇者

王鼎鈞

名記者劉永寧先生曾是台灣報界新聞競技場上的健將。回想起來，那正是台灣報業繁榮的年代，各大報互爭雄長，精英盡出，第一線記者有智有勇，夙夜匪懈，劉先生正是身經百役的過來人。

正像許多國內的記者那樣，他因移民而淡出本行。他也像許多移民擱筆的作家那樣，退休後恢復了對中文寫作的熱情。看他最近寫當年登上釣魚島實地採訪的經過，寫他家老太爺「說南宋」觸犯了蔣介石總統的大忌而生的驚險風波，有廣度，有深度，可以窺見他的潛力，令人對未來有所期待。

人人需要新聞，人人一覺醒來都希望知道世界上發生了那些與他有關連的事情，我們要依賴新聞記者。當天的新聞報導多半是一個大綱，許多細節要以後（甚至要很多很多年以後）才浮現出來，我們要依賴退休的新聞記者。劉永寧先生在第一階段已盡了天職，又在第二階段負起他的使命。

現在，劉先生要出書了，理所當然，「書」是保存文字作品最適當的地方。都說今天書市場不景氣，都說平面的印刷媒體上市不易，出版界仍然尋求好書，讀者們因此更渴求好書。好讀書的人可能對某一本書失望，不會對「書」失望，正相反，每一本新書出現，都是他的一個希望。好書不會埋沒，好書終必出頭，正像好人一樣！

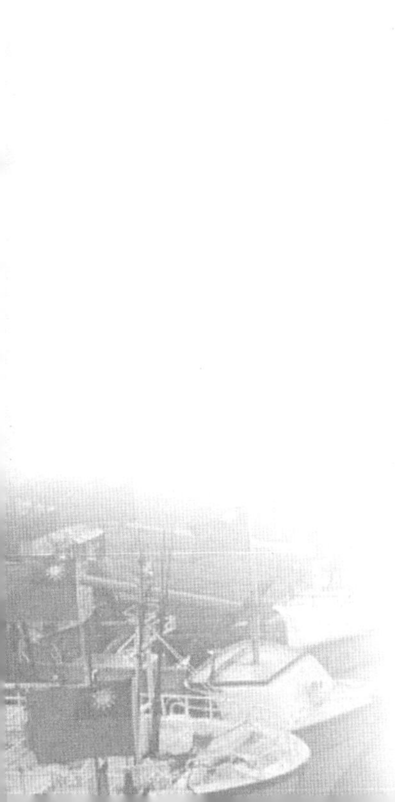

與有榮焉的一刻

陶恒生

開羅會議為一歷史性的重要會議，中國以百年積弱之國一躍而躋身四強之列，享有崇高的光輝。會議結果，除了收回失土，光復台澎之外，蔣委員長對日本天皇制存廢問題的態度，產生了重大的影響。他的仁者氣度，維繫了日本完整的國土與政制，亦就是為日本留下一條更生與復興的活路。可惜日本並不領情，至今仍不承認其曾經無條件投降而稱之為「終戰」。隨著時光的流逝和情勢的變異，日本為奪取釣魚島的管轄權從未放棄其侵略擴展的野心。近年來從「購島」到軍國主義分子的隱然欲動，否認二戰一切罪行，刪改歷史教科書中的侵華歷史，誣指南京大屠殺是虛構，支持政府官員參拜靖國神社，並促使政府將釣魚台「國有化」。最近又四出聯美、聯韓、聯印，企圖圍堵中國，完全忘記了當年戰敗前後，三巨頭會議所給予的生存機會。而蔣公的寬大胸懷，反被日本視爲軟弱，不屑一顧。

日本與中國（廣義的中國）的釣魚臺主權之爭，不可諱言，在某種程度上與蔣委員長在開羅會議中婉拒了羅斯福總統多次提出琉球群島交由中國管轄之議有關。蔣之拒絕此議，除了自知國力不足（not equipped）難以擔此重任之外，不願違背「為遵守我三大盟國此次進行戰爭之目的，在於制止及懲罰日本之侵略，三國決不為自己圖利，亦無拓展領土之意思」的宣言，亦是原因之一。中國若取之，豈不違背主張朝鮮獨立的宗旨？更何況出席開羅會議的中國代表團手中並無有關接收琉球的方案，一時無法應對。至於羅斯福總統是否已預見數十年後釣魚臺將對美、中、日在經濟、戰略上發生重要性，而在開羅會議中耍了手段，筆者寧可相信他不會有那麼精準的眼光。據本書作者的分析，蔣介石後來對此事相當懊悔。不過試想，假設今天中華民國果真管轄著琉球，那麼面對美國欲利用它作軍事用途的要求而無力抗拒的時候，任其飛機艦艇和官兵任意進出，大兵強欺民女無日無之，那將置臺灣於何地？

本書作者，名記者劉永寧兄，是筆者在灣區最相知的同鄉好友。十五年前我夫婦從印第安納州遷居北加州，在文星創辦人蕭孟能夫婦家中初識永寧兄，他個性爽朗，見解敏銳，大有荊楚男兒之風。我們的上一代，先父希聖公當年與民社黨的朋友公私交往頻繁，永寧兄的尊翁劉鄂公是接觸較多的友黨重要人物之一。因此我們在海外特別珍惜這兩代之情。

四十二年前的釣魚臺登島創舉，當時永寧兄是《中國時報》派出的四位勇敢記者之一。那時我在南洋工作，從報紙上看到這則消息，甚感興奮。初不知劉記者為研究這段歷史，下了極深的功夫。從歷史、地理、地質及對外關係等觀點來看，釣魚臺列嶼自始即為我國固有領土，早有定論。中國早在十四世紀便發現並且管理釣魚臺等島嶼，日本至十九世紀才開始對釣魚臺產生興趣。一八九五年清朝與日本簽訂《馬關條約》，割讓台灣、澎湖等地，釣魚臺列嶼因此而被日本取得。一九四五年日本無條件投降後，理應根據開羅會議的決議，與臺灣、澎湖一併歸還中華民國。然而自一九四六年二月開始，釣魚臺轉由美國實施軍事統治，至一九五二年《舊金山和約》正式生效以後，釣魚臺以及周遭島嶼便改歸為琉球政府管理。時至今日，釣魚臺主權的爭議仍為兩岸對日關係的重要議題之一。

四勇士登島壯舉經過媒體傳播，全世界華人紛紛響應，為維護中國領土完整及主權不容侵犯，抗議日本恣意侵佔，同時不滿大陸、臺灣當局的軟弱立場，從而形成風起雲湧的保釣運動。當時臺灣當局最大的失策，莫過於未能善用民氣，錯置敵我，誤把海外愛國青年推向了對立面。四十二年來，海峽兩岸、海外及港澳同胞從未忘記這段歷史。永寧兄著書闡述史實的來龍去脈，更以自身參與保釣史上首樁登島事件的親身經歷，作了完整的記錄。筆者忝屬鄉梓，與有榮焉！

陶恒生二〇一三年一月於舊金山

求真求實的精神

馬福全

永寧是一九七〇年《中國時報》登島採訪的四勇士之一，也是四人中主力的「寫手」之一，更是四人中唯一在登島之前就對釣魚台有深入研究的記者。

去年九月，釣島風雲再起，一天晚上我接到永寧的電話，告訴我有媒體要採訪他，當時我就建議他不要接受採訪，改由自己來寫，再交由媒體刊登，因為一手傳播的真實性、正確性，都較二手或三手傳播來得好，這麼重要的事，萬一記者寫的有出入，再要修正就很困難了，他當時有點為難，因為已封筆幾十年了。

當時我就告訴他，這是他的責任，也是他的義務，不論多困難都得完成，因為那次的登島採訪是迄今為止唯一的一次，以後恐怕也非常困難，四勇士中兩位已歸道山，特別是四人中另一位主力「寫手」宇業熒也已過世，他是我在「世新」的同班同學，永寧的學長，而永寧是目前唯一能寫的人，無論如何都得為後人留下真實的情況。永寧是重情義的人，終於克服了種種困難讓銳利的筆鋒再現，經過了時間的歷練，文字的運用更為圓融，後來這些文章陸續在《中國時報》、《世界日報》及《傳記文學》刊出，也再度引起了永寧寫作的興趣。

我常覺得與鑽研史學者相較，新聞記者出身的作者，寫起歷史性的文字，在捕捉重點、選擇角度時，往往會多出一點點新聞的敏感性，作品閱讀起來也就不同。而在眾多新聞記者中，永寧又屬於新聞嗅覺較強的，因此他的作品讀起來更能吸引人。

我和永寧相交已近半世紀，自從他跨出校門，進入《中國時報》的前身《徵信新聞報》實習、擔任記者，乃至後來在《中國時報》擔任記者，我們都是最親密的戰友、同事和朋友，瞭解極為深刻。永寧為人率真、正直，從不苟且，對於工作更是認真、負責，不論大小新聞求真、求實的精神極令人欽佩。

這本新作對於釣魚台事件，從古到今做了全面有系統的報導，許多角度和觀點是過去鮮有人涉及的，特別在最後對於海峽兩岸多位領導人在處理釣魚台事件時的功過，更有精采的敘述，誠為全書畫龍點睛之處，是一本難得的好書，也是一本值得保存的好書。

二〇一三年二月於洛杉磯

保釣是理性的正義運動

劉源俊

永寧兄來信請我為新作《搶登釣魚台—歷史見證》寫篇序，才知他原來是臺灣省立基隆中學的學弟、源傑的同班同學——怪不得名字很熟！雖然畢業五十多年來未有機會謀面，當下答應，且立刻提筆。

我在〈我所知道的留美學生保釣運動〉及〈科學月刊與保釣運動〉兩文中曾交代：保釣運動起源於一九七〇年十一月二十一日七位留學生在美國普林斯頓大學的聚會，其中的關鍵因素是看到才出版的十一月號《中華雜誌》刊登的王曉波與王順〈保衛釣魚台！〉一文。兩王之文實又肇源於《中國時報》宇業熒、姚琢奇、劉永寧、蔡篤勝他們四位記者九月二日登上釣魚台島插旗刻字之盛舉。

我參加各種保釣活動四十多年，寫過不少檢討與反思的文字。當年留學生的保釣，主要是基於義憤，屬於感性的「愛國運動」；如今保釣，則應該要出於深刻的認識，屬於理性的「正義運動」。認識什麼呢？認識到：釣魚台列嶼本屬臺灣，一八九五年被日本竊取後，一九四五年又被美國佔領；到了一九七二年美國復將這一「贓物」送交原竊者，以換取日本對其在東亞逞勢攫利的支持。臺灣的知識分子看到其中的不合理，從正義出發，就應該挺身保衛釣魚台。

保衛釣魚台需要有幾點基本認識：第一、借用我曾寫的一段文字：「日人竊佔，早有陰圖；瓜分礁層，攫奪漁庫。美國助成，意在霸主；藉名安保，其實圍堵。」第二、無論如何，臺灣是最重要的「事主」，必須爭取「出席」以免被邊緣化。第三、從保釣到保衛中華民國，對復興大中華的歷史意義重大。第四、保釣是一長期的事業，必須持之以恆。

永寧兄在本書〈序〉中指出，「在這麼多的資料中，越看越覺得美國是整個釣魚台衝突的設計者、獲利者，例如和整個事件有關鍵的五個人，都是美國人。」很好！我在為《規復釣魚台》這本書寫的〈推薦序〉中也寫：「最後，我們更要清楚，今日釣魚臺列嶼衝突的罪魁禍首，其實是美國這個表面上『維持世界和平』，其實窮兵黷武，又掠奪他國資源無所不用其極的美國。」最近為邵玉銘新書寫書評，最後一段話是：「日本以前是『竊盜』，如今已淪為『鷹犬』，現今保釣的主要阻力是來自世界上最霸道的戰爭販子美國。未來努力的大方向應是聯合各方，將美國勢力趕出東亞。」

一枚震撼彈的消息

王立楨

一九七一年一月廿三日，我到達紐約，開始我的大學生涯。就在一個星期之後的一月廿九日，我參加了在聯合國總部前的第一次保釣遊行。

在那之前，我從沒聽過釣魚台這個地方，遑論它的主權屬誰，但是當時年輕衝動的我，由家中老人那裡所得到的訊息就是日本對中國的霸凌從沒罷休，因此下意識的就覺得在「釣魚台」這件事上，日本一定又是在欺負中國，再說組織抗議遊行都是在各個知名大學研究院的學生，他們學多識廣，跟著他們走，該不會錯的。

那次聯合國總部前的遊行雖然聲勢浩大，但是卻沒有任何結果。此後四十餘年間，全球各地保釣的示威遊行不知凡幾，但是在國家沒有任何實際動作之下，所有民間抗議活動的成果僅止於在提醒著國人：「釣魚台是我們的」。

八〇年代我由美國東岸搬到舊金山附近的矽谷，在這裡認識了不少與我一樣在台灣成長，在美國立業的朋友。大家在聚會聊天時總會聊到一些與時事有關的話題，這種情形下，隨著「保釣」行動的起伏，我們的話題就偶爾的會放在那個在台灣東邊一百餘哩的無人小島上。

就是在一次的談話中，永寧兄表示他曾經去過釣魚台！

這個消息在我們當中不啻是一枚震撼彈，我們朋友當中竟真有人去過釣魚台？

永寧兄於是將他當年在《中國時報》任職時，前往釣魚台的經過仔細的告訴我們，我們也才知道永寧兄在前往釣魚台之前，竟然花了相當的時間去研究為什麼那個小島會引起那麼大爭議的原因。

聽了永寧兄對整個事件的分析之後，我才真正的了解到國家在這件事上無所為的主要原因。想起自己由一九七一年開始投入保釣運動，歷年來參加遊行示威的次數不算少，但是卻從來沒有花上一點時間去仔細探討那個小島的身世，這實在不是一個讀書人該有的態度。

二〇一二年夏天，釣魚台再度登上報端的頭版，那時我覺得實在有必要將永寧兄的研究向廣大的群眾發表的必要，因此我主動與《世界日報》聯絡，將永寧兄的事蹟告訴他們，希望他們能對永寧兄做一個專訪，將他當年所做的研究發表出來。

永寧兄在接受《世界日報》的專訪時，覺得他還是自己將那段史實寫下來較好，於是他就將他當初前往釣魚台的經過及對那個小島的研究記下，交予《世界日報》發表，後來他又以他當初任記者時的敏銳眼光，陸陸續續的寫下了許多篇有關釣魚台的文章，在各大報章雜誌發表。

釣魚台的爭議已經近五十年，如何去解決這一棘手的問題是中、日、美及台灣之間主政者的重要議題，光是靠著民間的示威遊行是無濟於事的。我很高興永寧兄對這個議題所做的研究可以集冊出書，因為這本書不但可以讓走向街頭示威的民眾了解到這件事的原委，更可成為諸國的主政者在面對這一問題時，一份相當有份量的資訊情報。

危坐入東海，飄飄心跡真

劉永寧

自從我在一九七〇年九月二日登上釣魚台之後，這四十三年內，我每見釣魚台之新聞、資料，就剪下來，或者筆錄一小紙條，丟到一個大牛皮紙袋中，到去年一共十七袋、一千七百零九條，和我上島的年月正好同數，真巧。

作者在釣魚台

在這麼多的資料中，最痛心的發現，是釣魚台紛爭走到今天的困境，主因起源還是中國分裂，而讓美、日有機可乘。其實以相反的邏輯來看，如果日、美分裂，我們也是乘機得利，所以不是別人強悍，而是自已太弱。到如今，既使中國大陸已成強國，美、日還是拉一方打一方，從中得利。譬如最新發展，雖然日本和台灣政府簽了漁權，但同時也離間了中國和台灣的穩定關係，兩岸又將增加不和諧的變數，美、日在旁又開始竊喜，這就是中國的悲哀。

再來回顧歷史，越看越覺得美國，是整個釣魚台衝突的設計者，而且經營近半世紀，例如和整個事件最有關鍵的五個人，都是美國人：把琉球問題搬到國際會議，即開羅會議的是FDR美國總統羅斯福；把琉球變成「托管」而又實質佔領的是杜勒斯（Alien Welsh Dulles）；把釣魚台劃入琉球羣島，引起主權爭議的是琉球指揮官奧登（David A. Ogden）；在釣魚台列嶼發現海底油源的艾默利博士（Kenneth O Emory），是加裔美籍；最後把包括釣魚台的琉球羣島交還日本的，是美國總統尼克森（RichardNixon）。如今美國又把釣魚台納入《美日安保條約》內，可見一切都是他在主導，日本只不過是美國用來消耗中共國力的一枚棋子。

再看中華民國，在釣魚台問題上，應該是被出賣的一方。因為從一九四三年的開羅會議起，便開始被擺佈，雖然我中華已擠進國際舞台，但在西方列強的遊戲中，尚屬初級班，再加上國力日微，怎麼樣也比不上英、美、蘇聯這些高級班的學生。所以在外交上，步步落敗。

今天我將十七大袋、一千七百零九條資料整理出來，並出此書，就是要把我們在釣魚台問題上，於外交中失去先著，國際中處於劣勢的前因後果，弄個一清二白，並細述經過，追根究底，不偏不斜地向讀者作中肯的交待。

蔣經國是搶登釣魚台的推手

將近四十多年來，我雖然對釣魚台的問題鍥而不捨地研究，但還是有些內情，只能意會而不能言傳，例如《中國時報》董事長余紀忠，為什麼敢組團登釣魚台，宣示主權？我到今天仍找不到任何證據來證明他受到什麼影響，敢作此大膽決定。

尤其這裡有前車之鑑：《中時》競爭對手王惕吾的《經濟日報》，在一九六七年九月二十日，因刊登釣魚台新聞被封報六天。事隔三年，《中時》不但要刊登，而且由報社自已組團登島，並整版報導；這在威權政治時代，是拿整個報社的前途作豪賭，這是什麼道理？尤其是當時的副總編輯兼採訪主任汪祖貽，在計劃登島初期曾親口對我說：「現在登島沒關係，老蔣已經後悔了。」今天查看《蔣介石日記》，果然在一九七〇年全年反省錄中的第一條就寫下：「釣魚台探採油礦問題，是大陸礁層主權，決不退讓，堅持到底。」

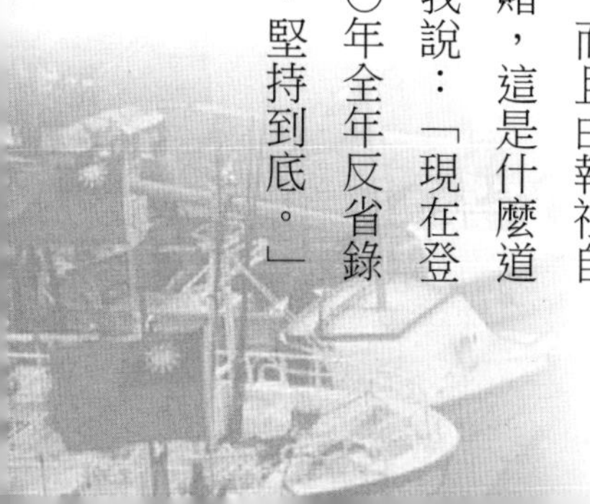

那時蔣的日記尚未公佈，汪祖貽怎麼知道？

這個疑問一直到今年才摸到方向，那是在史丹佛大學胡佛研究中心，和蔣經國的表弟媳宋曹琍璇閒談，她是《蔣介石日記》公佈於世的主要功臣，也是唯一看過《蔣經國日記》的人。她曾提到蔣經國的日記，寫得非常工整（其日記也在胡佛中心，但尚未公佈），而且內容非常情緒化。這一點像閃電般擊入我的腦海，《中時》余紀忠能洞悉層峯的意識，只有一個可能，就是來自蔣經國。

任何一個中國人，如歷經抗戰那艱難的日子，沒有不恨日本的，尤其蔣經國生母毛夫人死在日本炸彈之下，對他而言更是一筆血海深仇，所以他對釣魚台的態度，比其父更激烈、更不妥協；但主政者不是他，而是其父，父命難違。在無處宣洩下，他的愛將、學生余紀忠適時而出，只要稍微鬆口，余必大膽從事，讓釣魚台成為國際新聞。並使日本到今天還坐立不安。

所以我大膽地說，釣魚台沒有被日本完全拿走，《中時》記者團登島、「保釣運動」是兩個主力，而這兩個事件絕對和蔣經國有非常密切的關係，將來《蔣經國日記》必證明我的推測。說來真是巧合，父親把釣魚台幾乎丟掉，但兒子幾乎把它保留，歷史有時很戲劇化。

今觀釣魚台的文章，汗牛充棟，主權、油權、漁權，各說各話，如中華民國台灣應為何種角色，也有各種不同的說法，可惜有一部份島內民眾視「防中」比「防日」為重，也有一部份「恐日」比「恐中」為先，逐漸演成「綠」「藍」之爭，讓日本可以見縫插針，兩邊得利。尤為可慮的是，此國際糾紛已鬧到家門口了，當年日俄兩國在東北慘戰的惡夢，記憶猶新；今日在外交和戰略上，如無事先周詳的計畫，盲從隨著大國擺佈，對兩岸經濟與台灣未來，影響巨大，而且保證會再度被犧牲出賣。

書中的幾篇文章曾登載於《中國時報》、《旺報》、《傳記文學》、《遠見雜誌》等刊物，發表後收到不少迴響，也看到了許多論述未盡完善之處。今將這些文章增補修改，並附上釣魚台大事紀，集結成書。除了是為生命中那熱血沸騰的一刻留下些許紀錄，更希望後人能從中汲取教訓，莫讓悲劇再度重演。

二〇一三年二月二十一日

搶登釣魚台——歷史見證

目次

石垣市
八重山

1. 釣魚台與我，我怎麼踏上釣魚台的

自聯合國亞洲及遠東經濟委員會（ECAFE)於一九六九年發表了Emery report以後，釣魚台羣島的國際糾紛，己動盪四十三年，由於其間涵蓋多國經濟利益、民族情感，故此國際紛爭，必然還要延續下去，時間很可能比前面的還要長。

由於在Emery report中指明釣魚台(最早英國定名pinnacle-group island，日本名為Senkaku，中譯尖閣群島。它在整個琉球羣島Ryukyu island的最南瑞，我們稱為釣魚台列嶼）已發現第三世紀岩層，可能蘊藏原油最低六百億桶，這對「經濟大國，資源小國」的日本而言，無疑是未來國運的命脈，所以他的動作比較激進。對中共而言，日本的崛起，是他最不願看到的，正如日本不願中共壯大一樣，所以對主權必不退讓，姿態也甚為強悍。對美國而言，不知他是有意的，還是為了針對蘇聯，不巧現在正好用釣魚台這一顆棋子，由日本出頭，來消耗中共國力，美國務院必然暗喜。回頭再看台灣，由於地理位置靠釣魚台最近（離最南端的釣魚台不到九十海浬），國力雖有限，也成為天秤中的一個法碼，這在保釣運動中失去一些海外民心及留學生後（一部份成左派，回到中共懷抱；一部

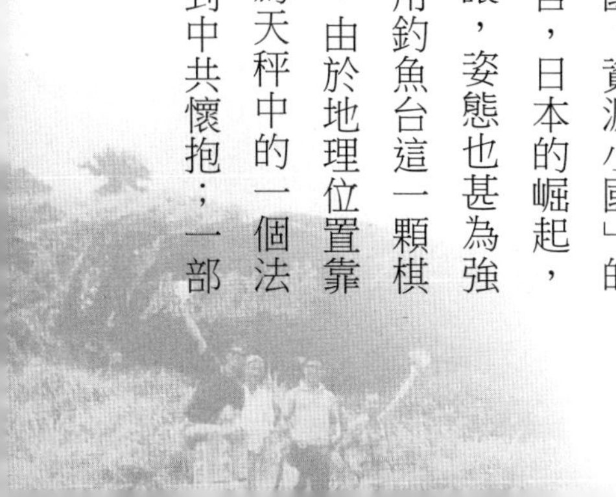

份成獨派，還在尋求發展），現在又面對一盤新棋，可以小心謹慎地下了。

我因風雲際會，在一九七〇年和另外三個同事被推上這個事件的第一線，踏上釣魚台，揭開釣魚台爭端的序幕。同時又花兩年半時間，找出一些有爭議的真相，所以很多長輩、朋友都鼓勵我把整個經過寫出來，把歷史還原，寫出真相。這並非出風頭，而是我的責任，於是我才下定決心，提起筆來，重操舊業了。

我和釣魚台羣島產生關聯是在一九六七年九月，那年我剛進《中國時報》（時為《徵信新聞報》）。該年的九月二十日發生一件新聞圈內的大新聞（至少在當時是新聞中的新聞），剛成立不到六個月的《經濟日報》被封，原因和美國將琉球歸還日本的新聞有關。我當時感到非常奇怪，什麼原因使蔣總統這麼憤怒？

自從邵飄萍、林白水事件之後，政府當局對於「封報」，是非不得已而不會用的，蔣介石從一九四九年來台執政到一九七五年去世，總計廿六年，就只有封這一次。何況《經濟日報》發行人王惕吾先生是官邸警衛團團長出身，是蔣介石身邊的鐵衛，忠貞絕不是問題。這個疑問，整整花費了我一年半的時間才找到部份答案。

首先，我花了很多時間並透過關係，得知總統府處罰封報的正式理由，即「違反宣傳指導」而休刊六日（《經濟日報》後於該年九月廿六日復刊），並讓總編輯丁文治含淚辭職（見《聯合報四十年》）。原來《經濟日報》在九月二十日一版刊登了一則五欄目的新聞，簡單的說，就是立法院在聽完外交部次長沈錡對於美國將琉球行政權移轉給日本的報告後，發表聲明：「不承認日本對琉球的剩餘主權，我國立場不變」。

這是符合我國利益的聲明，何罪之有，犯何大忌？高層在心虛什麼？這些疑問引起了我的好奇心，讓我想盡辦法去「挖」、去尋找解答。現在回憶起來，在那個戒嚴的時代，我真是有初生之犢的勇氣，當時完全被理想沖昏了頭，不計一切後果，只想知道事情背後的真相。

說來也是運氣，我們湖北籍的大家長陶希聖是總統府文宣指導小組召集人，是文化界核心的核心。我請家父劉鄂公小心地問一下，琉球問題犯何大忌？結果得來的消息帶來更多的疑問，使我更加感到謎霧重重。直到一九七〇年九月二日我踏上釣魚台才告一段落。

家父轉述陶公的話，是先從王寵惠說起，因為他是參加開羅會議的國際法專家。他在開羅會議最後一天，即一九四三年十一月廿七日要離開埃及前，蔣介石特別交代，有關羅斯福要將琉球交給我們而我們又拒絕的事，只有少數人知道，王是其中之一，千萬不要外傳。結果消息還是走漏了，現在已知是美方有意的手筆（見美國務院FRCU1943FRUS Cairo conference detail）。

回到重慶，王被國民政府高層的人問急了，不得不承認，但他強調委員長很懊悔，希望大家不要再提了。陶公當時在座，親聞此事。

陶公很小聲地對家父說，現在又發現「黑金」，地理位置又和台灣這麼近，當時給你又不要；還有更多的證據證明中、美、英、蘇四國中，只有我們最老實，沒有趁機擴張領土，怎麼不後悔。所以提到琉球行政權移轉給日本，並見諸報端公告天下，怎麼不是大忌。

家父在轉述陶公的話後，馬上嚴厲制止我不要胡鬧，否則我和他有同進警總的危險。我那會聽他的，回過頭就鑽進張其昀所作的《開羅會議紀實》中，去尋找蔣介石拒絕琉球的經過和原因了。

當年想從這些官方資料中尋找歷史的真相，無異於緣木求魚；透過採訪相關人物進而探問些真相，更是困難，知道的不講，不知道的亂講。但天無絕人之路，幸好有美國新聞處，在那裏我看到很多國內看不到的資料，於是整整將近半年，每天下午就和王寵惠、杜建時、楊宣誠、張其昀等人的回憶錄神遊，再不然就和《New York Times》的Drew Middleton，或FDR和Harry Hopkins的回憶錄打交道，其他如《Cairo declaration》（《開羅宣言》）的中、英文版，日夜都在我的腦海中游盪。結果每天下午的採訪會議我都沒有出席，報社開始講話了，時間一久，於是中時「名角」汪祖貽以副總編輯採訪主任的身份，下了「約談」指令給我。

記得那是一九七〇年三月某日的下午三點，他在大理街編輯部和我見面，這時我當然瞞不下去了，只有全盤托出，並把近六個月翻閱資料的結果也作了詳細的說明：

開羅會議對蔣介石而言，是有得有失的，得的部份可從他保存在胡佛研究所的日記中得到清楚的說明：

他在開羅會議後的「上周反省錄」中是這麼寫的：「**東北四省及台灣、澎湖島己經失去五十年和十二年之領土，而能獲得英美共同聲明歸還我國，而且還承認朝鮮於戰後獨立自由；此何等大事，此何等提案，何等希望，而今竟能發表於三國共同聲明之中，實為古今中外未曾有之外交成功也！**」得的部份很明顯了，不必深論。

失的地方除了在會議中和英相邱吉爾結上樑子之外，最明顯的就是在Ryukyu island琉球問題上沒有掌握先機，因為蔣兩次拒絕羅斯福的建議，由中國接管琉球，現抄錄他在開羅會議前後的日記兩則：

十一月十五日出發前的日記：「**琉球和台灣在我國歷史上的地位不同，而以琉球為一王國，其地位與朝鮮一樣，故此次提案對琉球問題決不提。**」

十一月廿五日會議期間的日記：「**七時半應羅總統之宴，直談到深夜十一時後辭去，尚未談完約明日再談，要旨是：（1）日本未來國體問題……。（2）領土問題……惟琉球問題可由國際機構委託中美共管，此由余提議，一則以安美國之心，二以琉球在甲午以前已屬日本，三以此與美國共管比為我專有為妥也。**」

其實開羅會議這七天中，有很多情報情況正在發展中。首先是美國知道中國毫無琉球方案，準備擱置議題的。有人認為這大概是放在蔣介石身邊的棋子——史迪威發生作用了。

另外美國參謀長聯席會在此前一月公佈JSC570/40報告，指明琉球羣島的戰略地位重要，其後又公佈JSC570/50報告，建議和小笠原羣島一起托管。

《開羅宣言》定稿後，於十二月一日公佈，其中明確地聲明：「中、美、英三國絕不為己圖利，亦無擴張領土的意思。」但馬上好戲就出場了。

羅斯福建議蔣介石拿下琉球，以他在會議中對中國的多方照顧來看，是出於誠意或是別有用心，很難猜測，不敢斷言。但蔣如答應的話，則成為違反宣言的第一人。這不是陷阱，最起碼應該是試探吧？

所以蔣拖羅斯福一起下水，共同托管。一方面讓美國「安心」，一方面保留日後對琉球問題的發言權。當時蔣介石的這一決定應該是及格的。倘若蔣允諾接管琉球，以美國那種機關算盡的本領，真會拱手相讓嗎？答案必然是否定的。果然在《開羅宣言》公佈後沒幾年，蘇聯硬拿下日本北方四島，英國霸著香港、九龍不放，美國也於一九六一年向聯合國立案，正式接管北緯卅一度以南從九州到台灣之間的海上諸島，其中包括今日爭議的釣魚台。而國府因國共內戰失敗，退守台灣，蔣介石在國際上已成小角色，「國微言輕」，只得老實地抱著《開羅宣言》，屈居海隅一角自保，更別談共管台澎金馬以外的地方了，「非不為也，實不能也。」

當時我很沉痛的說：中國內戰的苦果，我們還要不斷地要咽下去。汪祖貽突然站起來說：不要灰心，我們計劃上釣魚台，從今日起，我全力支持你上島採訪。

我當時大吃一驚！趕緊說別人只登新聞就封報六天，我們如登上釣魚台，後果是否更壞？汪公，要三思呀！

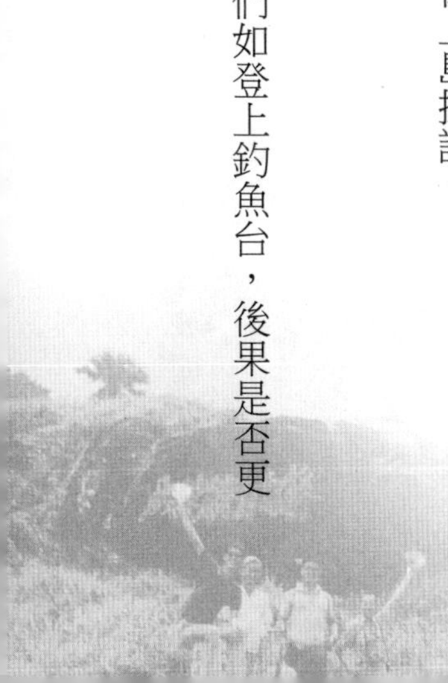

登島四勇士，從左至右：劉永寧、宇業熒、蔡篤勝、姚琢奇。

登島開始宇業熒正襟危坐於小艇中

汪祖貽果然不負「電腦」之盛名，馬上抓到重點說：「老先生現在已經後悔了，上釣魚台不但搶新聞先機，也有宣示主權的意義，好處比壞處多，我們來賭一把。」他同時交待三事：一是要絕對保密，不能讓《聯合報》知道；二是登島要船，所以要在基隆港下功夫，對警總更不能洩漏意向；三是不能招搖，國內親日勢力很大，他們絕對有制止的能力。

接下來我四處奔走找船，卻沒有一條在基隆港的船有意願，後來才知釣魚台中的一個島，是日本山口組轉運安非他命的避難站，這些亡命之徒比海盜還兇，而且漂泊不定，危險不已。

所幸報社派駐基隆的記者蔡篤勝以他能言善道的交際手腕，找到水產實驗所的「海憲號」，願意開放四個名額讓我們去採訪「海上漁撈之操作」，另外順便看看漁場附近的無人島嶼。這就是我們向警總申請出海的名義。最重要的是這條船知道那個島最近，最安全。

出發前的人選，汪祖貽堅持一定要我登島，並千叮萬囑要親自寫上「蔣總統萬歲」五字，還要姚琢奇拍下照片作為見證。如此陣仗，我心已有數了，即刻說：「主任，我進保安處，你要送衣服和信喲，你知道家父是沒有背景的民社黨小國代。」他馬上回應：「你進

這是1970年9月2日，唯一的登島彩色照片。

去了，我還會在外面嗎？我們是綁在一起的，而且作口供時，都推到我身上。」唉！士為知己者死，汪公知我也！就這樣我於一九七〇年九月二日踏上釣魚台。

登上釣魚台以後的新聞，報紙都已刊登，因而不必多作著墨，但其中有二個後續故事值得一提：

當我們回國，新聞見報後，果然秋後算帳之聲四起，發行人余紀忠面臨最大的壓力，主要壓力源來自國內親日派，張羣是當時的代表者，他在蔣面前要求調查我們四人的背景，有無幕後團體支持，懲處《中國時報》，否則對日外交無能為繼。所幸「蔣總統萬歲」這五個字發生效果，蔣的那句「他們的行動還是愛國的」不但把我們解救出來，同時證明汪祖貽賭贏了！汪公，能人也！

其次，那面升在釣魚台的國旗還有一個小故事，據汪公生前最後一次和我見面時說，那面青天白日滿地紅國旗，先是日本降下來後，送還中華民國駐日本東京大使館，但大使

2007年，作者(左)與汪祖貽先生合影。

館拒收。非常明智！若收下，就承認釣魚台是你日本的。所以日本又送到美國琉球托管總部，由琉球托管總部轉送華盛頓國務院，再由國務院轉交給我大使館，然後經由外交郵包寄到台北外交部，最後由錢復次長親交余紀忠。如今余已歸道山，不知他的幼子余建新是否仍保存著這面國旗？

自從我們四人登上釣魚台列嶼後，全球華人掀起了「保釣運動」，而且此運動一直延續至今。由於運動本質大部份是民族情感，所以左、右、中、獨，拉幫結派，各顯神通。不幸當時的中華民國正處於外交困境的高峯，和中共在外交領域交手中，節節敗退，對此運動，根本無通盤計劃，在國力本不足，又不能講硬話的情況下，海外民心大失；反觀中共，周恩來正坐在相反位子，一黨獨裁，指點江山，結果不費吹灰之力，大收人心。現在回顧前塵，真是不勝唏噓！（有時真認為中共應該發給我一個獎章才對，一笑。）

為何國府送出的留學生，或早年出國已有成就的學者，這麼快的就和國府分道揚鑣？我個人認為那就是戒嚴的苦果。

國府的戒嚴就是封鎖國外不利於我的資訊，國內只有一言堂，不能討論共產主義，所有國民都沒有打預防針，尤其要出國的知識份子，在國際青年的同一代中非常純樸，連大麻、LSD碰都沒碰過，這樣的赤子，就是《戒嚴法》下的標準型。君子欺之以方，怨不得人也！所以開放性社會是可貴的，是長遠的。任何一黨專政的政體，都會踏上國府的後塵，苦果是不能避免的，望中共當局以此為鑒。

常有人問我：歷史有何用處？過去的事還提它作什麼？我總是耐心地說：醫院為什麼要有病歷？那就是歷史，如果沒有病歷，醫生怎知如何對症下藥幫病人治病？雖然有病歷還是有醫不好的病人，但病歷制度不能廢；歷史也一樣，雖然歷史經常重覆，但再次重演的歷史，本身也是歷史，歷史的教訓最是不能忘。

我今天把釣魚台的整個前因後果整理出來，就是把中華民國從一九四三年到今日的「病歷」翻開來，讓所有有心之人來檢驗，來了解。因為未來的半個世紀，釣魚台紛爭必定高潮迭起，驚濤駭浪，再加上美國的精心運作，中共的民族意識高漲，必為多事之秋。台灣離釣魚台才九十海浬，想在這場紛爭中躲開是不可能的，為了小心謹慎下這盤新棋，預測所有可能發生的假設以及應變方式，希望為政當局能從這「病歷」中啓發智慧，更希望點燃全民的智慧，「小國事大國取之以智」，光靠行政官員的智慧，是不足以應對今後詭譎多變的國際社會的。

永寧初稿於二〇一二年九月二日登島四十二年紀念日

2. 釣魚台列島奇觀

如果想探求台灣的奇景，那麼台灣省東北部海面的釣魚台列島，是無論如何不可遺忘的。如果要知道台灣為何稱為「寶島」？那麼釣魚台列島，便是最有利的證明。

掀開神秘的外衣　細看奇特的景物

釣魚台！釣魚台！這個在目前引起全世界矚目的島嶼，除了在島嶼四周的海底下隱藏著千萬噸的石油外，到底有些什麼奇特奧妙的景色呢？這層神秘的外衣，終於在二日上午被揭露了。

釣魚台列島，就海圖上顯示：共計有八個無人島。然而就一般漁民的看法，就只包括四座相隔不遠的島：計主

中國時報

登臨釣魚台列島·看祖先留下一片洪荒！

釣魚台列島奇觀

四嶼瑰珍異齊收

踏上彼岸

談笑間，風雲變色！

揮手，再見

1970年9月4日《中國時報》獨家報導搶登釣魚台新聞

島釣魚島，土稱魚釣島；東方黃尾嶼島，漁民稱鳥港；西面兩個小島，北小島及南小島，南小島又稱蛇島。

就漁民的經濟價值來看，這裡是台灣北邊海域的鯖魚魚場。由於黑潮流經此處，本省蘇澳方面的千艘漁船就賴此處為生，同時這裡因有一處蛇島海峽，風平浪靜，成為整個魚場唯一的避風處，如果沒有這個蛇島海峽，真不知會有多少人員財物的損失。

珊瑚貝殼海芙蓉　唯有黑潮最嚇人

鳥蛋、龍蝦、珊瑚、海芙蓉，以及舉世聞名的龍宮貝殼，都是此處在未發現石油以前最吸引漁民的副產品，就憑這些產品，就使得不少漁民因而致富。

在這裡唯一可怖的是洋流，儘管黑潮帶來大批的魚群，同樣的也帶來很多麻煩，每小時四、五海浬的流速，可在一夜之間，將下錨作業的漁船沖到東北方十幾海浬以外。如果有人落海，不到一分鐘，便不知蹤影了。

此外，釣魚島的樹木，海邊的生物，黃尾嶼的龍蝦、鳥及蜈蚣，南小島的蛇，北小島的海鷗呼叫，都是此處奇特的景象，而這些奇景，在三兩天內，實在無法完全洞悉。

釣魚島最具神韻　靜得像寒山古寺

當本報採訪團搭乘登陸小艇，在二日上午八時三十分登上釣魚島以後，首先使人感受到的是一種安詳而有韻律的「靜」，這種「靜」並不是屬於「靜得可怕」的那種，而是像一切都欣欣然，剛睡醒的樣子。

坐在山岩上，偶然感受到一陣海風，挾帶著輕輕的浪潮聲，再加上一隻海鷗的輕叫，全島好似躺在一個平靜、安詳的搖籃中，真是有十足的韻味。

這座在夏季，經常三點半就天亮的主島，是整個列島中面積最大的島嶼，然而說起來很奇怪，在太陽照射的時間中，除了海邊的蟹類是活動的生物外，其他滿山遍野，找不到一個生物，倒是山茶科、棕櫚、仙人掌到處叢生，這些植物為了適應地理環境，都是又矮又粗壯，多大的風暴也摧毀不了它的生命。

黃尾嶼又稱鳥港　海鷗常蔽日遮天

從釣魚島到黃尾嶼島，航程只有十五海浬，然而卻要行船六個小時；相反的，從黃尾嶼島回釣魚島，同樣的航程，卻只要兩個小時。這就是黑潮洋流的影響。

省水產實驗所的海憲號實驗船，船上的水手們都叫黃尾嶼為「鳥港」。伙伕尤圳福，卅七歲的本省同胞，指著黃尾嶼說：這裡的海鳥幾可遮天蔽日，有黑的、有白的，大的像鴉子般，蛋為白色；小的比鴿子稍大，卵為黃色。鳥蛋之豐，為各島之最。

此處最有名的生物是蜈蚣，身長一台尺，有紅色、黑色兩種，在陽光下閃閃發亮，平時都生長在陰暗的石縫中。和蜈蚣齊名的是西南角盛產的龍蝦，其大如鴉。

既有要命的蜈蚣　也有救命的藥草

據說：一種治療風濕病的中藥海芙蓉，是此處有名的名產，然而只採不種，數量已經不多了。

黃尾嶼島上有本省龍門打撈公司所開闢的小鐵路，沿海灘修築，約莫有兩百公尺長。半山有工人房兩處，登山用索道兩處，並在島的南邊海岸有鐵鑄碼頭一處，不幸已遭巨浪擊毀。

海憲號的漁撈長藍金發有趣地說：黃尾嶼島是不能過夜的，不要說蜈蚣橫行，光就是鳥就不得了了，牠晚上盲目飛行，可把人撞得青一塊紫一塊，牠毫不怕人，晚上就寢，根本不能閉眼，鳥聲之吵雜，和釣魚島成為強烈的對比。

北小島可避風浪　怪石分喜怒哀樂

北小島和土稱蛇島的南小島，皆在釣魚島的西方，中間有一處寬達兩千公尺的蛇島海峽，據海憲號的劉大副說：每至颱風季節，約有百餘艘大小漁船停泊在此，躲避風浪。可是當本報採訪團路經此處時，並無船隻停泊，據海憲號調查員羅吉雍說：這是魚群遠走的緣故。

遠看南小島，氣勢雄偉，平坦的沙灘延綿不到一百公尺，便和一處高達三百公尺的陡峭山坡相接，中間一處打撈公司的工寮，尚能看到。

這裡的石頭，奇形怪狀，無奇不有，遠眺有的似狗，有的像貓，更有喜、怒、哀、樂的臉形。

南小島蛇蟒共處　乃飛禽走獸樂園

據海憲號隨船調查員羅吉雍解釋說：顧名思義，南小島又名蛇島，當然以蛇為主要的

生物，有碗口般粗的大海蟒，也有手頭粗的小海蛇，黃、黑不一，卻都是無毒的。

蛇遍佈整個島上，但大部分集中在陡峭的山腰石縫中，就因為此島蛇太多，所以鳥類絕跡，儘管南小島和鳥類集中的北小島，中間相隔不到廿公尺，但是這兩種動物似乎有個默契，鳥蛇互不侵犯領土。說起北小島的鳥，海憲號的每個船員都嚐過北小島的鳥蛋，蛋倒不大，外表還有花紋。這裡的鳥和黃尾嶼的海鳥有所不同，這裡的海鳥比黃尾嶼的大海鳥的體型要小一些，顏色是灰色的，但是呼叫的音量很大，所以整個北小島沒有一天是安寧的。

動物能各安其所　奧妙仍有待查尋

據調查員羅吉雍說：整個釣魚台列島，是太平洋的海鳥棲身處，可是牠們好像有兩個不同的家族，分別安棲在兩個島上，即黃尾嶼及北小島，而釣魚島僅是兩島之間的停留站，白天兩島的海鳥各自離島覓食，疲倦時便在釣魚島上休息，可是一到傍晚，便各自返回「自己的家」，而且從不會飛錯方向。儘管兩個島相距不遠，可是每隻鳥有每隻鳥的「家」，絕不「雜處」，這也是十分奇特的生物習性，更只有在這裡才可以觀察得到。據

2. 釣魚台列島奇觀

羅吉雍調查員說：我國已經在釣魚台列島作了無數次的生物調查，然而這些小島的奧妙，並不是只靠幾次調查就能完全探悉的。雖然我們已經知道這裡最原始的居住者是鳥、蛇、蜈蚣，但是為什麼會有？牠們如何生存？有無淡水？更有些什麼奇特的生物？這都是需要繼續探查的主因，更是我們在自己的領域中，所需要不斷作業的工作。

原刊登於《中國時報》一九七〇年九月四日第三版

3. 釣魚台的春天已來臨，冬天還遠嗎？

釣魚台國際紛爭，對中華民國台灣而言將是未來最嚴厲的考驗，其重要性絕不亞於統獨問題，尤其中華民國政府是四個當事國之一，地理位置離釣魚台只有九十海浬，無論如何都無法置身事外，任何發展都有不同程度的影響，好的、壞的都像巨浪般捲來，稍一不慎，必在此糾纏中被摒棄於外，成為最大輸家。

但是危機也是轉機，因為我們和中共、日本、美國三國相比，除了堅決宣稱擁有此島主權之外，其他的表現可以超然、中立、不左不右、不偏不斜，絕不合縱連橫，遠交近攻。這樣一來，是否因而得利，也未嘗不可能，這是轉機。

譬如現在，國府是聞到了許多春天的訊息：日本很樂意和國府談漁權；兩岸關係中共主動示好，不只一次希望攜手抵制日本；美國和台灣的關係，正如馬英九總統所說，是「最穩定時期」。

看似春天已到，別忘了同時冬天也在不遠處等候，就現階段的發展來看，釣魚台問題是不太樂觀：如中共對其主權是不會退讓的，因為他還有台獨、疆獨，藏獨問題，這會影響其執政權。再者他情願犧牲「油權」，也不能讓日本得此能源，增強國力，所以不在乎「小型軍事衝突」，只要一交火，任何油公司也不會簽約，和任何一國合作採採。

美國的態度如何呢？最近法國SEOES(法國社會經濟研究所）有一大膽研究報告：Island disputed on east Asian Ocean，此報告指出：美國國務院及參謀聯協會議，有兩種不同的政策，國務院是以談判為主，但軍方參謀聯協會議卻不逃避由日本出面的小型軍事衝突，理由一是，美由日代打，考驗中共決心，動武的能力，測試武器裝備。其二是武裝衝突後，釣魚台油源，誰也不能開採，美國還是西太平洋主導國，日本還是依靠他，加上他將成和事佬，對地區更有影響力。

如果美國參謀本部的計劃應驗的話，不幸台灣就在這暴風半徑內，到時必有池魚之殃，全國經濟、貿易、出口、國防、軍事、外交，無不大費周章，冬天的風雪，迎面撲來。

屈指一算，釣魚台的七個發展，是台灣即將面對的：

（1）中共明的目標是釣魚台，暗的卻是台灣，釣魚台的戰略位置，對台灣非常重要，中共如控制此八島之一，台灣北部出海口便受制於人，那麼台灣是跑不出中共的掌握的，這一點不能不防。

（2）如中、日發生小型衝突，而且延續不斷，美國又坐山觀虎鬥，那日俄戰爭在我東北血戰的惡夢，又將重演，到時台灣由於地理位置得宜，兩邊企圖拉攏，甚至都要借用彭佳嶼，國府怎麼處理？更糟的是任何一國進犯彭佳嶼，那國府將有面臨一戰的可能。

（3）如中共、日本、美國訂約，共同開發，摒棄我國，我們如何自處，是否宣佈釣魚台海域為戰區？我們成為和索馬利亞、北韓一樣的「流氓國家」，值不值得？

（4）美國、日本和我國共同開發，棄中共於外，我國應採何種態度，不入美、日離間的圈套。

（5）中共給美國更大的利益，達成協議，共同開發，沒有日本，那日本的反應必定激烈，我們如何對付？

（6）中共與國府聯合，以民族主義掛帥，抵制美日，我應如何洞悉玄機，不傷三方外交關係。

（7）萬一日本沒有上當，沒吞下美國的餌（《美日安保條約》包括釣魚台），和中共達成「主權」擱置，「油權」共有，並讓中共船隻來去自如，當然美國定感芒刺在背，台灣安全也受威脅，這更不能掉以輕心，也不可讓美國推卸責任。

其實在此新版「四國演義」中，釣魚台歸屬台灣，是最可能的底線，此島屬台灣，中共雖不能忍受，但尚可接受（他自認還有收復的機會）；美國也較不會反對，因為不但保持島鏈存在，同時對台有絕大影響力；而日本如果保留「油權」，必改變其「經濟大國，資源小國」的惡夢。

不過上述這種對台灣有利的發展，都需要代價，更要不斷耕耘，再加上國際間難測的風雲變化，或許有些機會，不過其中最重要的一個原則，便是無論任何誘惑，堅決宣示擁有釣魚台主權，同時自始至終不站邊，絕不拉一個打一個（如連戰訪中共的一中言論，就違反此原則）。行筆至此，使人緬懷一次大戰中的奧地利首相梅特涅、二戰的邱吉爾、冷戰中南斯拉夫的迪托，以及在中、蘇間玩平衡的尼克森。但望我中華民國政府中有此人材，下這盤國際性的大棋。

4. 釣魚台陷阱——爾虞我詐的開羅會議

前言

釣魚台列嶼的問題，自開羅會議算起，到今天已六十九個寒暑，在前廿六年，由於Emery report尚未出版公佈，又正值美國托管期，所以並無國際紛諍。Ryukyu island琉球羣島只發生一次作用，就是在二戰末期，美軍用五萬傷亡，換來一個準備進攻日本南九州之基地，此役是有名的operations Olympic之前哨戰。

台灣海盆

琉球羣島是日本九州和台灣之間六個羣島的總稱，最南面的八重山羣島，其中日本稱為Senkaku(中譯三角故，日譯尖閣羣島）的一羣小島，就是我國所稱的釣魚台列嶼。

從地源說，它是台灣大屯山向東北海底沿伸的陸地礁層，所以在聯合國遠東及亞洲經濟委員會（ECAFE）於一九六九年組成的地質調查團（CCOP）所公佈的Emery report中，稱整個東海大陸礁層為「台灣海盆」（Taiwan Basin）。

從歷史淵源來看，它在明洪武五年（一三七二年）由尚氏王朝遞表臣服朝貢，列為藩屬，英文是states with-instates，也就是西方所謂的父子國（affiliated.affiliation），一四三二年明朝《順風相送》一書已多次論及，並指明釣魚台並不包括在琉球王國卅六島中（見李則芬《中日關係史》一書）。

但時代潮流不知怎麼推波助瀾地轉動，卻把這個原屬台灣宜蘭頭城鎮的八個礁島，變成二次大戰罪魁禍首並且也是戰敗國——日本的領土。戰勝國的中國沒有擴張領土，但戰敗國卻擴張了，這是什麼邏輯道理？什麼國際正義？真是悲哀。

要知道這則悲劇的來源，那就要從兩方面資料說起，一是機關算盡，自私自利的美國亞洲政策：另外就是那勾心鬥角，爾虞我詐的開羅會議。現在讓我們來看看這個會議裏面的陰謀和陽謀。

勾心鬥角

開羅會議是美國總統羅斯福為戰後亞洲和平秩序，而邀請美、英、中、蘇四國領袖在

羅斯福（中坐者）。

一九四三年十一月廿二日到廿七日六日中，共商大計（蘇聯未出席），他認為這四國人口總數是世界人口的四分之三，「大國警察」是和平穩定基礎。這是冠冕堂皇的說詞。其實雖不是坐地分贓，也是大股東召開股東會議，發股東紅利罷了。

我們國民政府當然是小股東，但蔣介石能成為國際舞台中的主角，自稱「四強之一」並收回東北四省、台灣、澎湖，他已非常欣慰了，他在自己的日記是這麼寫的：

東北四省及台灣，澎湖島己經失去五十年和十二年之領土，而能獲得英美共同聲明歸還我國，而且還承認朝鮮於戰後獨立自由，此何等大事，此何等提案，何等希望，而今竟能發表於三國共同聲明之中，實為古今中外未曾有之外交成功也！

從這字裡行間可以知道蔣是興奮而自滿的，如有人指出他已掉入龍潭虎窟中，蔣那裡會相信，至少在當時是無證據的猜測。但請看中、美、英的代表團就已看出端倪。

由於這是分紅利，和國家未來利益大有關聯，其鬥爭技倆比在戰場上還驚險，不但鬥智，還要鬥膽，所以英、美精英傾巢而出，英國代表團在名單上的有一百六十五人；美國少點，一百四十九人，其中不乏研究中國問題的專家，還有對日、對蘇、對英等情報專家，對方想要什麼？底線如何？如果沒把握，還要在各國代表團裡安插埋伏細胞，互相應證、推敲，這是在沒有電腦的時代，最龐大的智庫。

開羅會議，蔣介石走上國際舞台。

史迪威這枚棋

而國府代表團呢？除安全護衛及官邸侍從不算，共廿人，計蔣介石、宋美齡、王寵惠、商震、林蔚、王世杰、董顯光、杜建時、鈕先銘、楊宣誠（此人在會議建功）、朱世明、俞濟時、俞國華、黃仁霖、李惟果、周至柔、陳希曾、王賡，還有史迪威、陳納德兩位美國人。另外還有不交外交認證書的鄭介民（主管安全）、駐埃及全權公使許念曾、外交部常次胡世鐸（見張其昀於一九五二年所著之《開羅會議紀實》一書）。

團員中沒有外交部長宋子文，這是因為蔣因史迪威事件，已將宋子文政治軟禁，其職務由王寵惠接任，史迪威以中國戰區參謀長參加會議，這是後患無窮的大敗筆。

史迪威是早兩日到開羅的，他是馬歇爾安排在蔣身邊的棋子，早到的原因除提供中國代表團的情報之外，同時在羅斯福、馬歇爾面前痛陳蔣介石是個軍閥。史迪威說援助中國的物資，都到蔣介石的私人部隊裡去了，根本沒有積極抗日（蔣和史的爭執，這方面的文章汗牛充棟）。其他林林種種，經他渲染，羅斯福對蔣的好感逐漸消退。最不智的是蔣留他去參加德黑蘭會議，經他搬弄是非，結果把開羅會議的兩個重點：一是反攻緬甸，二是十億美元貸款，全被推翻。

另外一位成員王賡是中國第一位西點軍校畢業生，當過孫傳芳的參謀長，他是美國點名要求的，其前妻陸小曼比他名氣還大。這樣的代表團，我們還有什麼秘密？我們想要的，有準備的和毫無準備的議題為何？底線在那裏？和那國有矛盾？怎麼見縫插針，全部暴露。

那像史達林，他花樣就很多，他以日本不是我蘇聯的敵國為理由，不參加此會，但又要求羅斯福和邱吉爾把開羅會議的結果帶到伊朗的德黑蘭再開一次。之後不久，蘇軍已打到柏林四十里外，史達林的姿態更高了。羅斯福因希望蘇對日參戰，沒法子，又應史的要求到雅爾達再開一次英、美、蘇三巨頭會議，最後羅斯福只有拿我國外蒙古獨立，旅順、大連以及東北鐵路特殊權益為誘餌（已知我國底線，邱又推波助浪），得到蘇聯在九十天內出兵的承諾。史達林成為二戰後最大的贏家。而羅在不到兩個月後病逝。

邱吉爾的四道菜

再談英國這個老牌的帝國主義國家。當家「花旦」邱吉爾早在一九四二年二月五日邀請蔣訪問印度後，就與蔣結下了樑子，簡單的敘述，就是蔣被甘地說服，（一說中甘地的圈套）趨向印度獨立，不走英國要求「自治」的方案，而和英邀請蔣訪印的原意大異其趣，邱吉爾甚惱。如今再度見面，他便一道道菜陸續搬出。

首先是邱認為向日本索還領土，只能限於二戰佔領土地，不能追究以往，否則沒完沒了，聽起來好似很有道理，但項莊舞劍，當然是和香港、九龍有關。

邱這招在羅斯福調停之後，蔣答應擱置港、九問題。在王寵惠的力爭之下，英才允許把歸還台灣、澎湖列入宣言中。

第一次的英文初稿是由羅的私人助理霍普金斯（Harry Hopkins)主筆，他把澎湖島寫成了小笠原羣島，當時擔任國府軍委會外事局長、曾留日及留美的海軍中將楊宣誠馬上指出錯誤，要求改正。但澎湖島的英文是什麼?中美英三方你看我、我看你，此時楊宣誠拿出一份稀有的英國海軍地圖，查出澎湖島的英文為pescadores。在場的中外官員這才多看了這個湖南人幾眼。楊宣誠中將的貢獻不只如此，在廿六日中、英文宣言定稿前，他又一次發現了問題。在英國所擬的稿件中，按照蔣介石的意思，註寫為「台灣所附屬各島嶼」。楊宣誠認為台灣及澎湖羣島要分開註明，因為在一八九五年四月所簽訂的《馬關條約》中，台、澎是分別以二款、三款的方式列入條約中；所以如今收回也要分別列款。此提議令在場的中外人士心服口服，宣言即按楊將軍所言撰寫，除原先的「台灣所附屬島嶼」之外，另列「澎湖所附屬島嶼」皆應歸還中華民國。當時若無楊將軍，日後收回澎湖必有糾紛，再加上國際野心家和日本勾結，後果必定嚴重，所以澎湖縣應替楊宣誠中將立碑，以為紀念。（楊中將已於一九六二年三月逝世於台北）。

有一說更為戲劇化。那就是在定稿前的那一晚，楊宣誠並未參加白天制定宣言之會議，但在知道內容後，顧不得已近午夜，他趕緊去敲王寵惠的房門，然後兩人一起去叫醒王世杰，三人再去敲蔣介石的門，來應門的是宋美齡，在聽過簡單說明後，她趕緊叫醒蔣介石，蔣起身後，三人向蔣報告事態的嚴重性，蔣頓時睡意全無，背脊一陣冷汗發涼，心想：差點成為民族罪人。大家討論到三時才散會。第二天一早，我方代表趕緊提出更改成兩款的方案。其中緊張過程頗為戲劇化，是否屬實，當事人都已返道山，已無法證實了，但可信度頗高。

第二回合是邱吉爾反對朝鮮獨立，這當然衝著印度問題而來，邱、蔣恩怨又糾在一起了。這次蔣堅持孫中山先生的遺言：「輔助弱小民族。」堅不妥協，和邱幾乎反目，所幸羅斯福再次調停，而蔣介石也退一步，擱置印度、緬甸、馬來西亞問題，換來朝鮮獨立列入宣言。蔣表面上是贏了，但此時也被英美看穿了，這是後面要詳述的。

第三道菜也是邱吉爾最辛辣的一道，就是原本寫定的日本「歸還」台灣、澎湖的宣言，在最後一天，邱要改「日本歸還」為「日本放棄（renounces）」，下面是這段文字的英、日原文：

Article 2(b) Japan renounces all right, title and claim to Formosa and the Pescadores.

(b)日本国は、台湾及び澎湖諸島に対するすべての権利、権原及び請求権を放棄する。

於是中、英兩國代表團又僵持不下，結果還是和事佬羅斯福出面，中國代表團王寵恵據理力爭，英國則別有用心，後來就沒有堅持了。但這段過程卻留下了後遺症，現在成為台獨份子的最大藉口，所謂台灣地位未定論，就是從這裏來的。

邱吉爾的別有用心就是這最後一道菜，在宣言定稿後，他無所不用其極地降低開羅會議的重要性，他認為中、美、英所簽的公報不是宣言，而是新聞公佈。邱吉爾心想：我在這裏整不了你蔣介石，我到德黑蘭再整你。果然，他的計畫得逞了，許多在開羅會議上對中國的承諾，到了德黑蘭會議上，因為邱吉爾聯合史達林，兩票對一票，輕易地被推翻。到了雅爾達，他又出賣了更多中國的利益給蘇聯以換取出兵。邱吉爾果然不負盛名，國際級的老狐狸。

面子和裏子

和英國交手，我們是贏回了面子，失去了裏子，更被英美看透了：我們沒有實力，但很感情用事。在亞洲，因蔣的正義堅持，朝鮮、泰國、緬甸、馬來西亞、印度都獨立了。現在回顧，這些國家所得到的好處比中國還多。但從英、美、蘇這些大國的角度來考量，我們是理想衝過頭了，他們怎麼會讓中國當亞洲的老大，做大哥是要付出代價的。果然第一個要付的代價就是琉球羣島，並影響到今日的釣魚台。

島嶼對海權國家如美國而言是極其重要的，尤其是這個在二戰中曾讓美軍付出五萬傷亡才拿下的冲繩羣島，到今天還是美國在亞洲最大的空軍基地。開羅會議的第二天，羅斯福就向蔣介石提出冲繩羣島的歸屬問題，當時王寵惠也在座，（見美國務院FRCU1943FRUS Cairo conference）。當時因蔣的模棱兩可，所以冲繩羣島的歸屬問題便被擱置。羅在會議結束的前一天又再度提起，這次蔣在日記中是這麼寫的：

七時半應羅總統之宴，直談到深夜十一時後辭去，尚未談完約明日再談，要旨是

（1）日本未來國體問題……。

（2）談領土問題……惟琉球問題可由國際機構委託中美共管，此由余提議，一則以

安美國之心，二以琉球在甲午以前已屬日本，三以此由美國共管比為我專有為妥也。

另外，蔣在參加開羅會議前的十一月十五日的日記中這麼記載著：

琉球和台灣在我國歷史上地位不同，而以琉球為一王國，其地位與朝鮮一樣，故此次提案對琉球問題決不提。

簡而言之，對琉球羣島的問題蔣介石是很消極的，其一是現實問題，國力不足，沒有海軍，更無長期補給、巡弋的能力；其次是國內的事千頭萬緒，琉球的排列次序應是最後；其三也是最為蔣介石顧忌的，便是《開羅宣言》定稿，將於十二月一日公布，在開宗明義就說：「中、美、英三國絕不為己圖利，亦無擴張領土的意思。」如果蔣答應佔領琉球，那中國不是違反宣言的第一個國家嗎？邱吉爾、史達林會甘心？到時恐怕連台灣、澎湖收回都會有麻煩。

所以蔣介石答應和美國「共管」尚屬及格的回應，因為這個回答是「試探」的反試探，但羅斯福已洞悉蔣介石為「安」美國的「心」，對琉球不會「動念頭」了，所以再也不提，從此琉球羣島已註定是美國「獨管」而非「共管」了。支持這個假設的理由請閱美國兩則公報：

第一，美國參謀長聯席會在開羅會議召開的前一個月公佈了JSC570/40報告，指明琉球羣島的戰略地位重要，其後又公佈了JSC570/50報告，建議和小笠原羣島一齊托管。

第二，在開羅會議前美國國務院已發佈「我們對華政策不是根據感情而制定的，它是根據開明的民族利己主義而制定的，其動機是出於國際安全及福利的考慮。」（見《美國外交關係文件・馬爾他及雅爾達會議》一九四五年）。

在這樣的架構下，美國會把一個用五萬傷亡才換來的羣島拱手於他國，答案就不必回答了。（如今雖在日本手中，但他還是擁有亞洲最大的空軍基地，加手納、普天間）美國的動作很快，一九四六年十一月美國政府發佈新聞：把小笠原羣島、琉球羣島及原日本托管區域置於美國戰略托管之下，並將此方案向聯合國提出，全案從此而定。下面發展就和釣魚發生關聯了。時間是一九五三年十二月廿五日聖誕節當天。

對國府不利的27號令

此時遠東局勢大變，中共和美國在韓戰中打得血流成河，到一九五三年七月才結束戰爭。美蘇冷戰已久，中華民國已退居台灣，在國際間發言權甚微，更無力反攻。美國為阻止共產主義擴張，國務卿杜勒斯提出「防堵政策」，防堵政策的第一島鏈正中央正是琉球羣島，於是琉球指揮官、琉球政府副總督、美國陸軍中將General David Ayers Depue Ogden片面宣佈琉球羣島是包括北緯三十一度以南，從九州到台灣的所有島嶼，其中包括釣魚台列嶼。這就是法理薄弱，糾紛至今的「27號令」。

當時對於「27號令」不但沒有反對聲音，而且還頗受歡迎，因為這裏尚未發現石油，完全是出於戰略性的考慮，可以對中共、蘇聯作迅速反應，所以日本、韓國最為歡迎，而中華民國台灣也不願作強烈反對。很湊巧地，在一九五八年的「八二三砲戰」中，壓制中共的二〇三公釐口徑的八寸巨砲，就是從琉球運出的。

問題突然複雜的起因是在一九六八年六月，當時美國航空地磁所已發現台灣東北部有大量海底藏油的可能，為得到更確實的地層資料，需要進行物理測驗，美國於是提交聯合國，由包括十二名台、日、韓、美的地質學家組成探勘團，在CCOP的支持下，請Kenneth. O.Emery率領，坐上美國海軍海洋局的F.V.Hunt號探勘船，在東海及黃海探勘六週，除了還需要一次震測（seismic survey)外，證實台灣海盆，即釣魚台列嶼附近「有巨大石油潛力」，並由十二人合著報告於一九六九年年初完成，這就是引起東海石油主權爭紛的「艾默利報告」。

將欲取之，必先與之

美國國務院早在「艾默利報告」發表的半年多前就已經知道這裏蘊藏著豐富的天然資源，加上又有「27號令」在手，這個新發現的油源幾乎已是美國的囊中之物。美國高層內部經過很激烈的辯論之後，認為琉球是托管體制，深海鑽油的花費太大，不符成本效益，然而更重要的是：美總統尼克森已開始佈局訪問中國大陸（一九七一年宣佈訪問北京，一九七二年七月和中共發佈《上海公報》，一九七八年建交）。因之決定依現有條約（包括一九五一年，四十八國於美國舊金山所簽訂的對日和約，即《舊金山和約》。中共及台灣都未參與）進行戰略佈局，尼克森總統於一九六九年五月廿八日宣佈，將於一九七二年以前歸還琉球給日本。由此來看當年羅斯福當著蔣介石、王寵惠的面提出「由我國接管琉球」的建議，現在回味起來，越來越像我們的成語，「將欲取之，必先與之」，更像「故擒欲縱」，這是「捧殺」。

以上種種，無處無不顯示出美國在外交策略上機關算盡的本領，因為他知道遲早要和中共建交，而中共必稱台灣是其領土的一部份，這個海底資源怎麼也不能交給台灣，萬一台灣被中共「統一」怎麼辦？所以歸還給日本，雖然在國際法理上有些爭議，但這對美國而言是最好的選擇，至少日本是中共最不願意看到壯大的國家，中共也是日本最不希望壯大的，彼此矛盾，最合乎美國的理想。

其次，這塊「肥肉」一經拋出，中、日必然交惡，如無美方出面調停，爭端必然無限期拖延下去，結果誰也得不到資源，美國還是控制亞洲。

如果雙方不忍耐，擦槍走火、小型軍事衝突，那至少很長一段時間無任何油公司敢投資巨額資金鑽油。東海藏油等於沒有。行筆至此，對美國這幾手外交策略，真想知道是那幾個美國人策劃的。

琉球獨立

有人認為在開羅會議中，蔣介石如果回答羅斯福有關琉球問題的提議，不是「主管」或「共管」，而是用和朝鮮同等方式——「堅決主張獨立」，那麼今天的局面會不會向另一個對國府稍微有利的方向發展呢？回答這個假設，可以從一九六四年蔣介石在中常會所做的指示看出一些端倪，在那年二月五日星期三，他對推動琉球獨立的琉球革命同志會會長蔡璋甚為不滿，因為他一直滯留台灣，沒回琉球，談何獨立親華，其效果不彰，顯而易見，蔣還問每月補助他多少經費？李白虹答一萬元新台幣（見阮毅成《中常會會議紀錄》，刊登於《傳記文學》）。

由此可見，蔣對推動琉球獨立頗為關心，而且有實際的行動，也證明他已後悔在開羅會議上的發言，後悔當初沒有當機立斷，應不提議「共管」而要求「獨立」。但現已事過境遷，越來越使不上力了。

琉球在歷史上向來是「騎牆派」，中國強向中傾斜，日本強則往日本靠，如今不說美國，國府的國力連日本都比不上，推動獨立，當然困難重重。同時因琉球優良的地理位置，已成為駐日美軍的重要海、空軍基地，是美國在亞洲第一島鏈的前哨。目前，美軍駐普天間基地總兵力約一萬六千人，包括美國海軍第三陸戰師，轄四個陸戰營、一個炮兵營；在加手納基地，有海軍第五航空隊，轄第十八聯隊、第三十五戰鬥機聯隊及第三七四空運聯隊。島上建有各種重要軍事設施，是美國本土以外最大的具有快速反應能力的空軍基地，也是全亞洲最大的戰機中途修理、補給中心。這樣的設施是經過長時間運作，並投下龐大資金才能完成的。如無在開羅會議中的佈局，那有今天的「托管」，無「托管」，那有基地。所以蔣介石在開羅會議的回答，無論「共管」還是「獨立」，結果還是一樣，只不過美國可能晚一點歸還罷了。

不是開轟趴

從開羅會議到今天的釣魚台紛爭，是一個很難得的經驗，告訴我們當時的國府高層在面對世界級的政治領導人是如何「過招」的，由於其得失勝敗無法即刻呈現，到底吃虧是佔便宜呢？還是佔便宜是吃虧？事隔六十餘寒暑才能得到證明，可見當時在分析、判斷、談判、定案，是多麼重要，稍一不慎，再回頭已是百年身。

當今更迫切需要警惕的是，正確地、無私地把這一段歷史攤開來，成為往後參加國際會議時的一個借鏡，因為參加世界級的談判會議，走向國際舞台，不是去享受鎂光燈及掌聲的，更不是開「轟趴」，別的國家為了自已的利益，都用兩三百人的頭腦再加上電腦來算計你、來忽悠你，代表團的一舉一動、一通電話、一段交談，都會被列入未來談判的突破點。再說我們現在的外交人材已無顧維鈞（他以外交談判的智慧，收復山東，功在黨國），戰略人材已無楊宣誠，所以這段歷史更顯重要。

劉永寧寫於登釣魚台四十二年紀念

5. 釣魚台爭端從「油」轉成「氣」之經緯

前言

自琉球羣島以及釣魚台列嶼，在一九五三年被美國用聯合國法規托管以來，已經有一甲子有餘，其間美、日、中、台四國之間各說各話，各有意圖，加上釣魚台有龐大海底油氣，經濟價值被誇大，其複雜性已不亞於宗教紛爭的聖城耶路撒冷，而且逐漸形成一枚未爆的炸彈，且很難拆除引信。具體的比喻，是從原本經濟利益的「油」，轉變成民族主義的「氣」。

「艾默利報告」

造成此國際爭端的始作俑者，很湊巧的三個都是美國人，最讓人難以理解的是，這三位「創造者」當初所作的決定，沒有絲毫證據說他們是惡意的，相反地還引起很多友善的回應。但如今物換星移，情勢大變，昔日「善舉」今日「禍源」，歷史真開了一個大玩笑。

這三位美國人以時間來劃分，他們分別在十七年間各自登上了「釣魚台風雲」的舞台：

第一是一九五三年的美國國務卿杜勒斯John Foster Dulles；其次是一九五三年琉球羣島指揮官，發佈「27號令」的奧登將軍Lt,general David Ayres Depue Ogden；最後就是率領十二位海洋地質學家，在釣魚台附近發現深海石油的Kenneth O,Emery，艾默利博士。

發表「艾默利報告」的K O.Emery

前面二人都是軍政範圍，需要另篇討論。若要探討釣魚台的經濟價值，就要從最後這位海洋地質學家，以及他的「艾默利報告」說起：

Kenneth O, Emery生於一九一四年，他自稱K,O，出生於加拿大，在美國德州長大。他畢業於伊利諾大學，受教於海洋地質學大師Francis Shepard，成為當代最有聲望的海洋地質學家。任教南加大、麻省理工學院，並且是WHOI的榮譽會員，畢身著作得獎無數。就因其專業領域如此卓越，被聯合國禮邀，組團探勘東海海底地層。

其實早在一九六六年以前，美國海軍航空測繪所已從空中得到參數，知道琉球和台灣之間因地層變化，有蘊藏油氣的可能，於是將此發現提交聯合國。同年聯合國亞洲暨遠東經濟委員會(the UN Economic Commission for Asia and the Far East，簡稱ECAFE)成立了一個「亞洲海域礦產資源聯合探測委員會」(Committee for the Co-ordination of Joint Prospecting for Mineral Resources in Asian Offshore Areas，簡稱CCOP)，以協助探勘亞洲東部海岸海底的礦物。最初這個委員會是由台、日、韓、菲等四國組成，之後又邀請英、美、法、西德專家為技術顧問。CCOP於一九六八年六月再次請美國航空地磁所協助實測的結果，一致認為從地層和構造上顯示，從琉球群島、台灣至日本間的大陸礁層邊緣地帶，以及黃海、渤海都很可能蘊藏有石油。

為了正確地評估大陸礁層上，新第三紀沉積層的厚度與構造，必須進行地球物理的測勘工作。一九六八年十月，在CCOP的贊助下，以艾默利為首的台、美、日、韓四國十二位地質學家，以美國海軍海洋局(United States Naval Oceanographic Office)所提供的研究船亨特號(R/V F. V. Hunt)在東海與黃海進行了六週的測勘。測勘報告由十二位地質學家共同完成，並於一九六九年出版，一般簡稱為「艾默利報告」(Emery Report)。

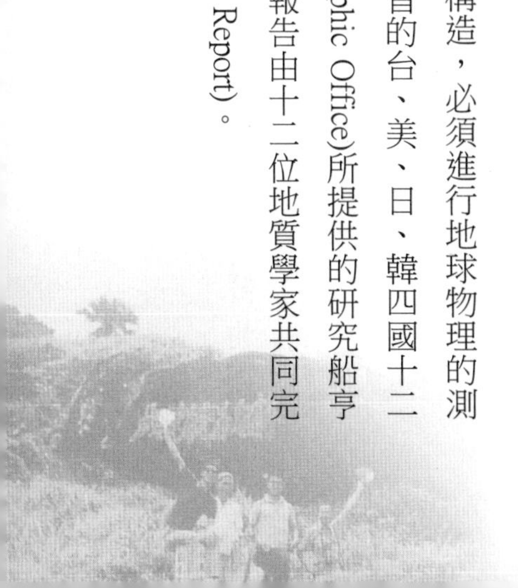

不疑之處要有疑

到底這個報告的正確性如何?引起全世界的注意，結果答案是兩極化，認為有油氣的是以勘測報告合理及詳細性為基礎，而且聯合國的調查一向有說服力，再加上過份的樂觀的預計，整個東亞都一廂情願地相信這裡有寶藏，這對東北亞缺乏資源的國家而言是很正常的。

但「艾默利報告」出版後不久，東海沿岸各方之間即爆發海域石油之爭，而無法進行研究(或雖有局部研究但不願發表)。事實上這次勘測時間不長、設備也不盡理想，所得到的結論還需要進一步的震測(seismic survey)和鑽探才能證實，缺少這部份資料的報告是不完整的。所以也有一部份專業者認為:有沒有還是個大疑問。

到底有多大的蘊藏?

「艾默利報告」沒有說出油氣蘊藏的數字，僅僅在報告中說「極具石油潛力」。究竟東海的石油潛力如何?「艾默利報告」的結論指出:本地區最有希望儲藏油氣的部分，就是台灣東北一片二十萬平方公里的海域。沉積物的厚度超過二公里，在台灣更達

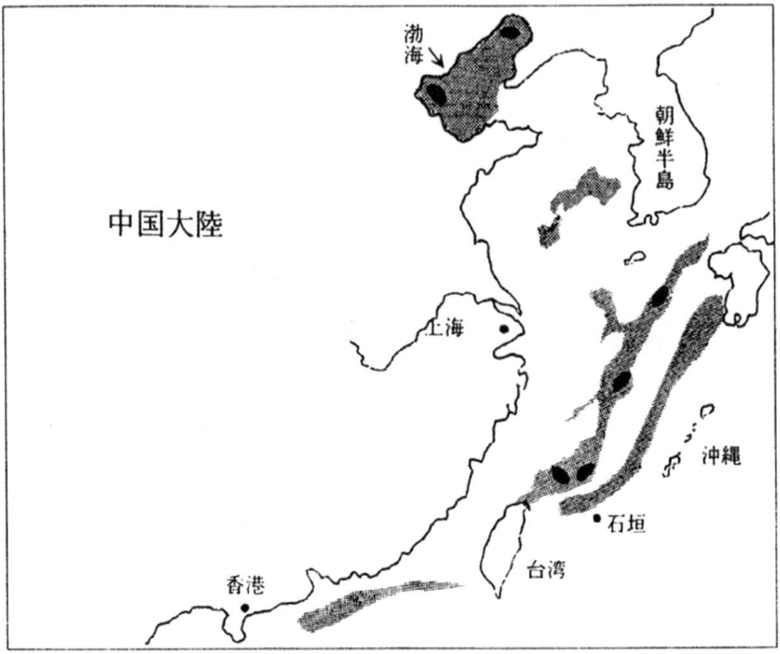

陰影部份，就是大陸礁層區，更黑的部分就是油礦豐富區。

到九公里，其中有五公里厚的新第三紀沉積物。在大陸礁層之下堆積的沉積物相信大部分都屬於新第三紀岩層。在日本、韓國與台灣，幾乎所有陸地上的油氣都產自新第三紀的岩層。台灣與日本之間的大陸礁層，極可能是世界藏油最豐富的地區之一，這也是全世界少數幾處尚未進行鑽探的廣大礁層。

就拿中日間的東海油田（在舟山羣島東邊）來預估，光是日方一側（中日已訂中線）就蘊藏著一千億桶原油和二千億立方公尺的天然氣，僅原油價值就高達

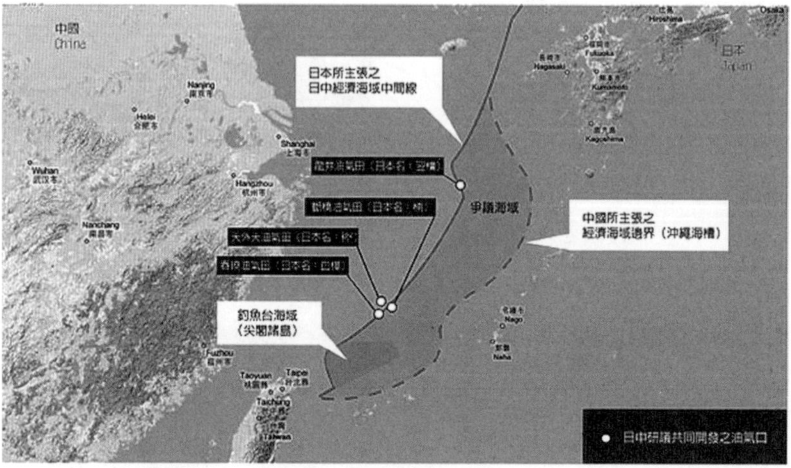

釣魚台附近海域油氣井。

六百四十萬億日圓，若均分給每個日本國民，則每人可分得五百萬日圓。於是對釣魚台的資源，有一千億噸之說，也有三千到七千億桶之預估，最嚴謹的也有六千億桶，這下子激起各國的指望，加上利欲薰心的歐美財團，把整個地區鬧得天翻地覆，正常科學探測因而停頓，到底蘊藏多少？還是個謎。

探測停頓的原因

一九七二年，台灣中國石油公司和七家外國公司簽約，探勘釣魚台列嶼的石油，這種動作已經很快了，這七家公司分別是：1、美國亞美國際石油公司(Amoco International Oil Corporation)，2、美國海灣石油公司(Gulf Oil Corporation)，

3、美國大洋探採公司(Oceanic Exploration Corporation)，4、美國克林頓國際公司(Clinton International Corporation)，5、美國康納公司(Continental Oil company,)，6、美國德司福太平洋公司(Texfel Pacific Corporation)，7、加拿大緯經公司（Viking oil resources Inc)。

而且中油已和亞美及康納在高雄台南外海，鑽探成功成昌一號、致昌一號、致昌二號井，得到大量天然氣，但從一九七一年四月，美國國務院發表聲明，希望美國各大石油開發公司立即停止在黃海、東海海域的石油探勘活動。一九七二年二月，美國總統尼克森(Richard M. Nixon)訪問中國，使得東海情勢變得更加複雜。對七家與中油合作的美國公司來說，華府態度的轉變動搖了他們對台灣前途的信心。最後，各大外國石油公司以抗力條款(force majeure clause)暫停履約，於一九八二年歸還礦區，退出合作，海域探油的工作全部落在中油的肩上。

風險投資

除了國際政治的複雜性、吊詭性，投資太大，報酬率不穩定也是主要原因。在技術層面上，在海底五百米以內是淺海鑽油，一千五百米以內是深海，超過一千五百米是超深海，由於在海上狂風巨浪，工作環境狹窄，危險性極大，一絲不慎，損失慘重，是屬於高風險的投資，不要說公司，甚至連國家都承擔不起。

再說實際操作有四個步驟都要花大把鈔票，先要有震測船探勘，找對地方，要搭鑽井平台，再要花無數資金鑽井，老天幫忙有了油或汽，要鋪設輸送管道。這裡有個專業性的預算，陸上、淺海、深海、超深海的投資比率應是一比十比一〇〇比五〇〇，陸地上花一美元，深海就要花五百美元。

拿海洋鑽機來說，由於需求旺盛，導致海上鑽井裝置日費持續上漲，在北海，自升式鑽井平台的日費二〇〇五年為六萬美元，到二〇〇八年八月份需二十萬美元，增幅非常大。全球深水半潛式平台的日費二〇〇五年為十七萬美元，二〇〇八年為五十萬美元。

許多新的深海鑽探費用也在飆升，墨西哥灣鑽探的成本達六十萬美元，但是在二〇〇二年才需十五萬美元。

二〇〇八年自升式鑽井平台的造價一三〇至二〇〇萬美元，半潛式平台造價為四千至六千五百萬美元，最高達七千八百萬美元，現在至少高一倍。

鑽井船造價從去年的一千萬美元到目前五千至六千五百萬美元，最高達到七千四百萬美元。

超深海的自升式半潛平台，如以四十萬美元一個陸上油井來算，到超深海的造價就是兩億美元，另外輸送管、補給船都和第三國有關，如無穩定的、安全的政治環境，誰願意做如此巨額的投資呢？

現在全球有深海鑽油技術的跨國公司總共有十家，有技術能力並有財力支持的只有八家：

第一是英國的BP，然後是美國埃克森美孚、荷蘭shell、巴西國家石油公司、法國的道達爾total、義大利的國家石油埃泥Eni、美國的雪佛蘭以及挪威國家石油公司等。而中共、日本、台灣都無這種技術，將來開採必須和上述其中一家簽約，然而這三方面爭執不斷，甚至會擦槍走火，如發生小型軍事衝突，此地域即刻變成「戰區」，連保險公司都不願投保航行船舶，那誰有膽子和中、日、台的任何一家簽約呢？到頭來很可能是一場空。

所以從上述林林總總的理由、原因，從經濟層面來考量，其價值到底有那麼大嗎？我個人是非常懷疑的，除非全世界資源用盡，唯它獨尊。

用市場學Marketing來計算，有學者認為國際原油的價格到了美金二五〇元一桶，釣魚台列嶼的海底石油才值得開發，也有的說美金五〇〇元，甚至美金七五〇元，如果真是如此，那還是讓我們下一代子孫去開發吧，到時石油是否已有取代品，都很難說了。

爭執從「油」變「氣」

既然釣魚台列嶼的海底油礦開發如此困難，為何中、日雙方的爭端不降反而更加激烈呢？尤其是二〇一三年二月，日相安倍在訪問美國時，批中共是「搶領土」，而中共也強烈反駁，雙方已到沉不住氣的邊緣。這其中的原由，主要已從經濟層面轉進到戰略方向了。

中、日從甲午戰爭以來，民間反日的情緒從來未撫平過，一提到日本就憤憤不平，再加上日本向外擴張的野心，從歷史上證明，從來未停止過，故這個釣魚台問題已和民族主義糾葛在一齊，只要日本人想要的，就是不能放棄，尤其是領土問題，更是談都不用談。

中共政府也不能在主權上退讓，現在和以前不同，以前的毛澤東、周恩來、鄧小平可以為更大的利益（建交、無息貸款）而擱置議題，而今的領導人，面對還有藏獨、疆獨、台獨等那些不能擱置的問題，萬一釣魚台主權出了差錯，其他問題必然接踵而至。

再者在戰略上，中共是絕不願意見到日本強大，釣魚台的海底油礦對日本國力有很大的幫助，他們如果順利開採，不超過十年，中共勢必面臨壓力，這是中共絕不願意看見的。所以即使擦槍走火，把釣魚台領域弄得風聲鶴唳，兩邊都得不到好處，也不能讓日本得逞，這就是戰略優於經濟的考量。

至於日本，總是將石油問題與民族主義相結合。提起能源問題，日本曾經一再嚐到苦果，所以大多數日本人可能無法冷靜看待。日本學者後藤康浩認為，日本被迫發動太平洋戰爭的直接契機，即是歐美對日本實施石油禁運。二戰時期，日本海軍的行動能力就取決於保有石油的存量。隨著戰事的擴大，日本不得不動員保護東南亞的油田，國內甚至要砍倒松樹，提煉松根油。因此，從這個角度來看，對日本人而言，二次大戰就是圍繞石油的戰爭。一九七三年第一次石油危機爆發，對石油需求的迫切感再度襲上國民心頭，甚至引起社會的恐慌，石油業界人士對日本是一個沒有產油的國家感到悲哀。由於石油危機的影響，一九七四年日本的國民生產總值出現戰後首次的負成長，企業破產增加，失業人數大增，通貨膨脹率更上漲至百分之二十。由於這些經驗，使得日本深切體認到石油能左右國家的存亡。過去，因為歷史問題，日本一直未在釣魚台問題上採取主動，但是自從小泉執政以來，日本右翼勢力快速上升，隨著時間的推移，日本國內各界的聲音已逐漸趨向統一：釣魚台海域石油不可放棄。

於是中共和日本在這樣現實的考慮下，已成無解的課題，再加上美國不懷好意的介入，整個東亞正是風雲詭譎，高潮迭起的時刻，台灣東北海域，至少十年不會太平。

6. 釣魚台在歷史上的五大階段

釣魚台列嶼，或簡稱為「釣魚台」，是位在東海南部、沖繩本島那霸西方約四二〇公里、石垣島北方約一七五公里、中國福州東方約四二〇公里、台灣基隆北方約一九〇公里的島群，日本稱作「尖閣列島」。

釣魚台列嶼包括釣魚嶼、黃尾嶼、赤尾嶼、南小島、北小島等五個無人小島，以及沖北岩、沖南岩、飛瀨等三個岩礁。其中以釣魚嶼最大，面積約為四點三八三八平方公里，又稱作釣魚島或釣魚台，此列嶼的名稱即由它而來，日本則將我國所用的名稱用日文文法改稱為魚釣島。

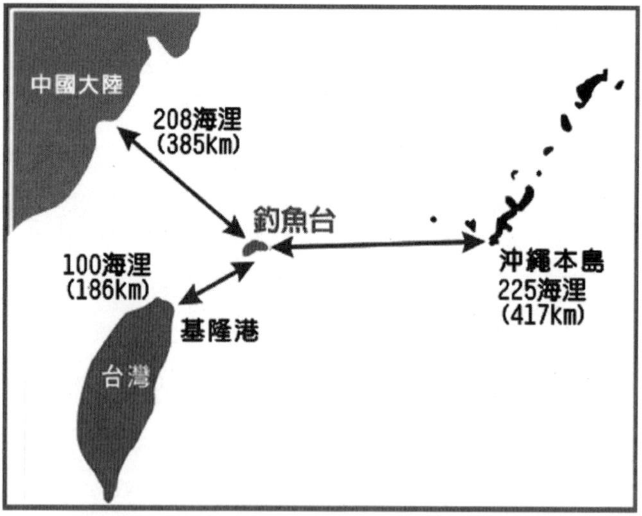

釣魚台距離圖

列嶼中第二大的是黃尾嶼，面積約零點九○九一平方公里，又稱為黃麻嶼、黃毛嶼或黃毛山，日本則稱為久場島、古場島。其他各島面積都甚小，均一平方公里以下。陸地總面積約六點一六三六平方公里。

釣魚台列嶼最東端的赤尾嶼距離最西端的釣魚嶼約五十八海浬，最北端的黃尾嶼距離最南端的南小島約十二海

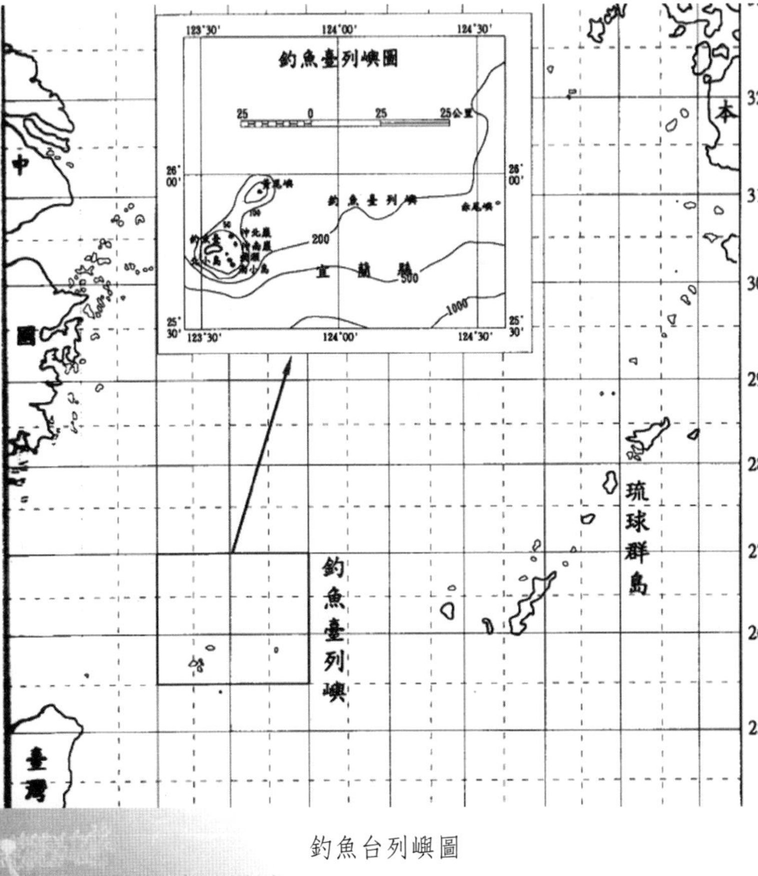

釣魚台列嶼圖

浬。主島釣魚嶼位於台灣基隆港東偏北約一百海浬處、浙江溫州港東南約一九二海浬處、福建福州長樂國際機場東偏南約二〇八海浬處、日本沖繩那霸空港西偏南約二二五海浬處。如果以台、日兩國領土(包括無人小島)計算，釣魚嶼距離最靠近台灣的領土彭佳嶼，與最靠近日本的領土先島群島均為九十海浬左右。整個釣魚台列嶼即散佈在北緯廿六度與廿五度四十分，東經一二三度到一二四度廿四分之間。

本來釣魚台列嶼和琉球羣島分屬兩個不同的地理界域，釣魚台屬「台灣——新幾褶皺帶」，而琉球則不在這個地界內，不幸在一九五三年，硬被美國人劃在一起，並和琉球政府糾纏至今。故談釣魚台，就不得不說美國政府是原始的「麻煩製造者」（trouble maker)。

尤其一九六九年的「艾默利報告」指明其處蘊藏有約莫一千億桶的原油（和伊拉克全國蘊藏量同等），使其問題更加複雜。

要說清這個「東亞火藥庫」的糾纏之歷史，用所發生的事件來整理，比較容易找出頭緒：因為前後最關鍵的有五件大事，把這羣無人居住的小島，推上國際舞台。

（1）一八九四年的甲午戰爭。

（2）一九五一年美、英排除中國代表，率同四十八個同盟國和日本簽定《舊金山和約》。

（3）一九五三年十二月廿五日，美國琉球托管局自行宣佈「27號令」（把原屬台灣的釣魚台劃入琉球羣島）。

（4）一九六九年「艾默利報告」公佈（釣魚台蘊藏巨量原油）。

（5）一九六九年十一月，美國總統尼克森和日本佐藤首相簽訂《沖繩協定》（未經二戰同盟國准許），歸還琉球給日本。

以上這些不同時間的五件大事，把原本只屬於中華民國、日本的紛爭，變成中、美、日間剪不斷、理還亂的問題，之後又演變成中共、國府、日本、美國四方之爭，問題更趨動盪，現在是從「鞭砲場」邁向「火藥庫」的方向。

甲午戰爭之前

在一八九四年中、日甲午戰爭以前，釣魚台列嶼的主權毫無爭議是屬於台灣的一部份，更明確的是指明是中國的領土，太多的文獻都證明這項事實，最有說服力的共有七件：

第一份在中國的歷史文獻中，最早記載釣魚台列嶼島名的史籍，當推珍藏於英國牛津大學波德林圖書館(Bodleian Library)的《順風相送》一書，該書是中國古代航海的一種「海道針經」(航海指南)，根據該書〈序〉之末節云：「永樂元年，奉差前往西洋等國開詔，累次校正針路，牽星圖樣，海嶼、水勢、山形，圖畫一本。山為微薄……。」可知該書所記始於永樂元年(一四〇三年)，而且是明代使臣往西洋各國開詔時查勘航線，校正針路而作。

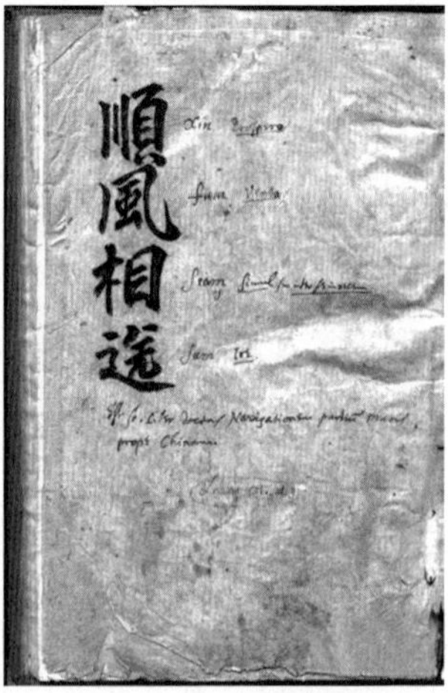

《順風相送》書影

其中，除在琉球群島那霸西方之枯美山(今稱久米島)，以及屬於琉球群島的慶良間群島的古巴山、馬齒山、是麻山和木山(即八重山)屬琉球國外，其餘均為中國地名，在中國地界及海疆內，且琉球國從未宣稱擁有釣魚台列嶼。

一三七二年至清同治五年(一八六六年)，由朝廷派遣廿四任(明朝派赴十六任，滿清八任)冊封琉球王的「天使」所撰寫的《使琉球錄》，留下了詳實的中、琉海上分界之紀錄，以及中國使琉官兵渡過黑水溝所舉行的出境祭與入境祭的所有記錄，充分顯示出中、琉兩國海上自然疆界的原始狀態。不過，自明洪武五年至成化十五年(一四七九年)間的出使紀

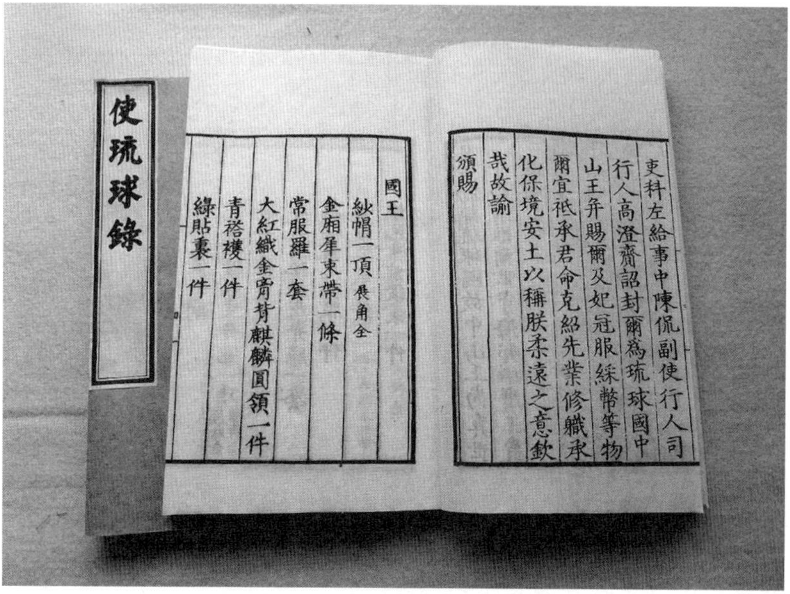

《使琉球錄》書影之一

錄皆因火災燒毀無存，因此我們只能從第十二任使節陳侃使錄說起。明嘉靖十三年(一五三四年)五月，明朝派遣陳侃為冊封使，從福州啟航前往琉球。他在《使琉球錄》中清楚地記載了此次的航程：

五月朔，予等至廣石……至八日，出海口，方一望汪洋矣……九日，隱隱見一小山，乃小琉球(按：指台灣)也。十日，南風甚迅，舟行如飛，然順流而下，亦不甚動。過平嘉山、過釣魚嶼、過黃毛嶼、過赤嶼，目不暇接，一晝夜兼三日之程，夷舟帆小不能及，相失在後。十一日夕，見古米山，乃屬琉球者。夷人鼓舞於舟，喜達於家。夜行

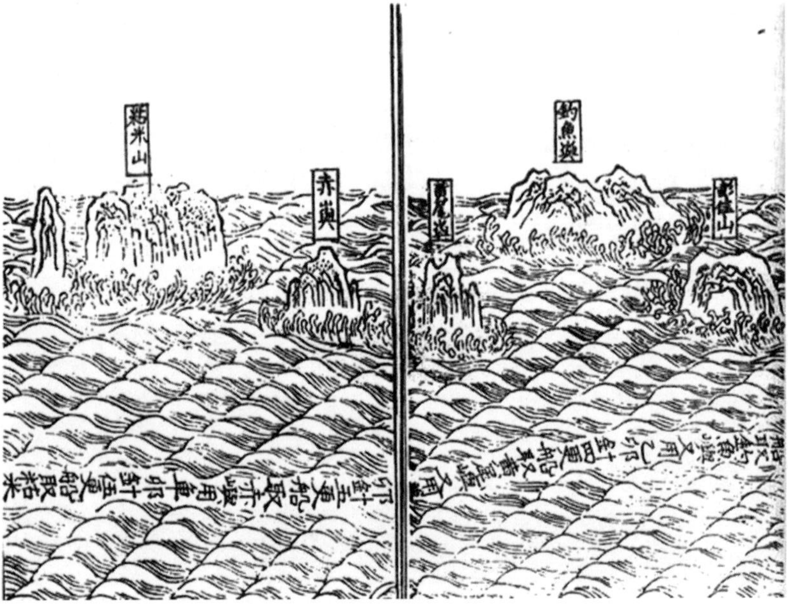

《使琉球錄》書影之二

徹曉，風轉而東，進尋退尺，失其故家；又競一日，始至其山(按：指古米山)。有夷人駕小船來，問夷通事，與之語而去。十三日，風少助順，即抵其國。

同前所述，上文中的釣魚嶼、赤嶼就是現在的釣魚島、赤尾嶼，而黃毛嶼則是黃尾嶼。陳侃一行從福州出發，經過作為航標的釣魚島、黃尾嶼和赤尾嶼等島嶼後進入琉球海域，其標誌是見到了「乃屬琉球」的古米山(又作姑米山)，文中清楚地表示，無論是使者陳侃還是同舟的琉球人，都是以久米山作為抵達琉球的標誌，過了久米島，琉球人才算到了家，才載歌載舞以示慶賀。中國學者米慶餘認為：「又競一日，始至其山……風少助順，即抵其國」的敘述，其實講的正是中、琉疆界。因為中、琉之間沒有第三國，所以沒有任何可作懷疑之處。國內學者丘宏達亦指出：「見古米山，乃屬琉球者」，說明了古米山始屬琉球；反之，則釣魚嶼等自不屬琉球。

第二個證明是清康熙二十二年(一六八三年)，清朝第二任冊封使汪楫在《使琉球雜錄》中記載他途經釣魚島、赤尾嶼後為避海難而祭海之事，並被告知他所「過郊」(或「過溝」)的地方即為「中外之界」，如第二章東海的地緣環境所述，此溝即為沖繩海槽，可見這條海槽已為中國航海家所熟知，並認作一條重要地理分界線。原文如下：

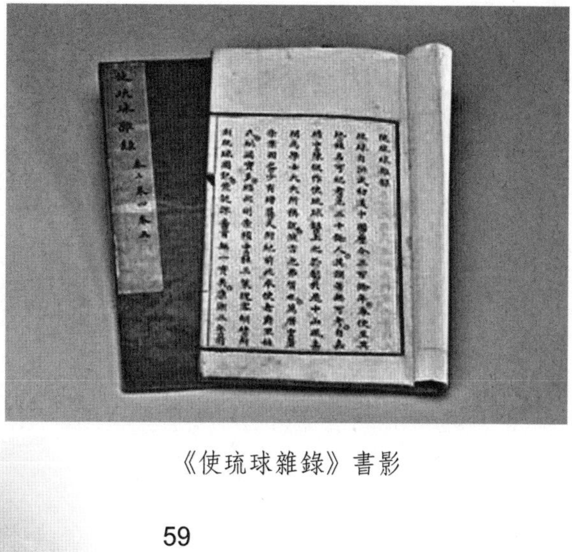

《使琉球雜錄》書影

二十四日天明，見山，則彭佳山也。不知諸山何時飛越？辰刻過彭佳山，西刻遂過釣魚嶼……二十五日，見山，應先黃尾而後赤嶼，不知何以遂至赤嶼，未見黃尾嶼也。薄暮過郊(或作溝)，風濤大作，投生猪、羊各一，潑五斗米粥，焚紙船，鳴鉦擊鼓，諸軍皆甲，露刃俯舷作禦敵狀，久之始息。問郊之意何取？曰中外之界也。界於何辨？曰懸揣耳。然頃者恰當其處，非臆度也。

文中最後的問答非常重要，因為這裏提到了「中外之界」。中國學者鄭海麟指出，這段問答的意思是：汪楫問老水手「郊」是什麼意思，老水手回答說是中國與外國(當指琉球)的分界。進而又問怎樣識別這一分界，老水手回答說靠猜測。但汪楫又補充說，剛才過溝祭海恰好是在赤尾嶼外的黑水洋面舉行，恐怕並非僅僅是猜測吧。此處明記赤嶼以外為黑水溝，而此溝即是中國與琉球的海域分界。

第三項文獻之證明是康熙五十八年(一七一九年)，清朝第三次派遣琉球冊封使，使節為海寶，副使是翰林院編修徐葆光。徐葆光歸國後撰寫的《中山傳信錄》在所有使錄中佔有重要地位。這是由於徐葆光此行負有測繪

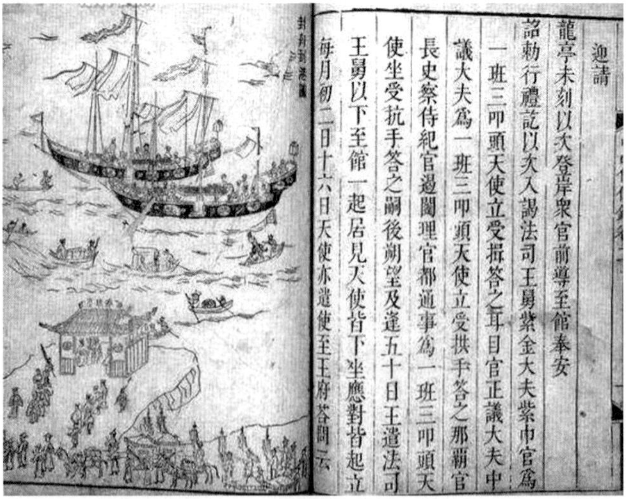
迎請
龍亭未刻以次登岸衆官前導至館奉安
詔勅行禮訖以次入謁法司王舅紫金大夫紫巾官爲
一班三叩頭天使立受揖答之耳目官正議大夫中
議大夫爲一班三叩頭天使立受拱手答之那霸官
長史察侍紀官遏闥理官都通事爲一班三叩頭天
使坐受拱手答之嗣後朔望及逢五十日王遣法司
王舅以下至館一起居見天使皆下坐應對皆起立
每月初二日十六日天使亦遣使至王府荅問云

《中山傳信錄》書影

琉球地圖的使命，並帶去兩名測量官，在琉球工作八個多月，達二五二天之久，創冊封使留琉最長紀錄。在此期間，他請琉球國王提供王國檔案，並與琉球大學問家程順則密切合作。程順則先繪製出一丈見方的琉球全國草圖，並親自將琉文檔案譯成漢文，繼而與雙方有關官員「遍歷山海間」，「詢名以得其實，見聞互證，與之往復，去疑存信。」最後由徐葆光、程順則兩人多次切磋，審查定稿，完成了中、琉兩國權威人士共同合作的官方文書《中山傳信錄》。該書出版後極受中國、琉球、日本官方及國際間學者之推崇，後來還譯成日文版本，成為日本人瞭解琉球的重要資料來源。

籌海圖編卷之一
明少保新安胡宗憲輯議　曾孫庠生胡維極重校
孫舉人胡燈　舉人胡鳴岡　階慶　仝刪
輿地全圖
廣東沿海山沙圖
福建沿海山沙圖
浙江沿海山沙圖
直隸沿海山沙圖
山東沿海山沙圖
遼陽沿海山沙圖

《籌海圖編》書影

第四項文獻是明朝嘉靖四十一年(一五六二年)，負責海防的蕩寇名將胡宗憲主持編纂的《籌海圖編》，此書由明代著名地理學家鄭若曾、邵芳繪圖撰寫。該書「福建沿海山沙圖」中清楚地繪出釣魚嶼、黃毛山和赤嶼等島嶼。胡宗憲、鄭若曾等人在《籌海圖編》的〈凡例〉中指出：「不按圖籍，不可以知扼塞；不審形勢，不可以施經略。邊海自粵抵遼，延袤八千五百餘里，皆倭奴諸島出沒之處。」因此，「福建沿海山沙圖」是為了防禦「倭奴」入侵的海疆軍事用圖，而釣魚台列嶼盡列圖中。中國學者王春良認為：這證明釣魚台列嶼不僅為中國海防疆域，而且是在中國國家力量的直接保衛之下。國內學者林田富亦強調：《籌海圖編》的作者是明代中國東南沿海的防備統帥，這種由國家軍官依職務完成的文書當然是公文書，不是一般的私文書；書中將中國原始發現的「無主地」列入防備的範圍，無論從任何一個角度解釋，都應視為是一種明確的主權之宣示，並有領有之意思。

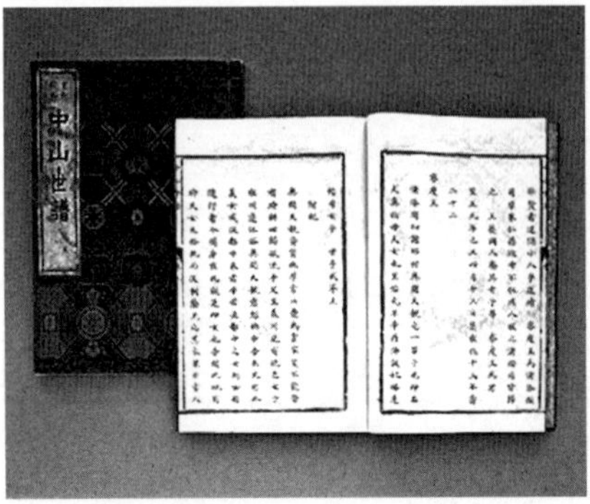

《中山世譜》書影

第五是雍正二年(一七二四年)，時值琉球王尚敬統治期間，國師蔡溫受命修成琉球第二部國史——《中山世譜》。其〈序言〉指出，該書乃是參酌古今內外傳記、史冊，加以「互致參考」，是經過「昔之所誤，今始正之；昔之所缺，今始補之」的過程而完成的，說明《中山世譜》的完成在琉球王國的歷史上是一件大事。其對本國所屬的山川疆土均有明確記載，並附有「琉球輿圖」，清楚地標出了琉球本島及周圍三十六島的名稱。圖中的西部島嶼即是姑(古)米山，而琉球疆域內並不含釣魚台。《中山世譜》在記載三十六島之後，還作了說明如下：「凡管轄之島，星羅棋佈，環國如藩，皆隔海之地也。衣服容貌，自古至今，總受中山一統之制，而與他國不類。自明以來，中華人所稱琉球三山六六島者即是也。」也就是說，蔡溫奉命編纂國史時，再次確認了陳侃記載的古米山「乃屬琉球者」的事實。

第六項就是慈禧太后在甲午戰爭前一年賜給盛宣懷的詔諭，時間比日本政府讓古賀家族承租釣魚台還早三年。

清光緒十九年(一八九三年)十月，慈禧太后頒發詔諭，將釣魚島、黃尾嶼和赤尾嶼三座小島賞給後來出任郵傳部尚書的盛宣懷為產業，供採藥用。一九六〇年代後期，中、日因釣魚台主權發生爭執時，盛宣懷的孫女盛毓真曾將這份詔書的複印本交給美國夏威夷州參議員鄺友良，於一九七一年在美國參議院聽證會上宣讀，並載入美國第九十二屆國會第一期會議記錄(一九七一年十一月九日出版)。據稱，該詔書原件是棕紅色布料，長約

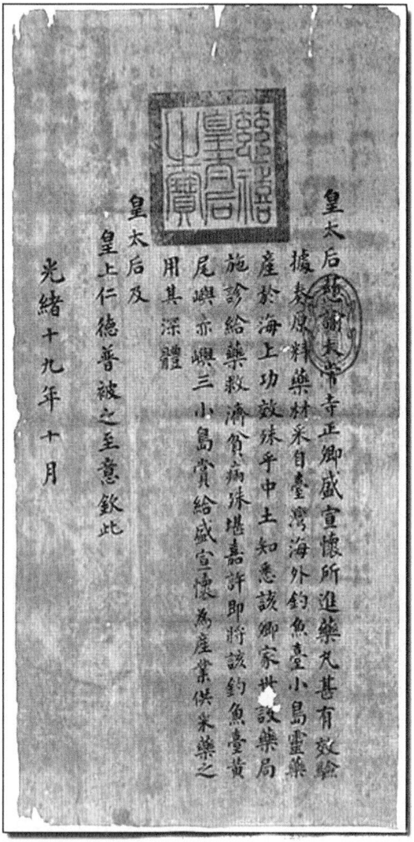

光緒十九年慈禧太后賜盛宣懷詔諭

五十九公分，寬約卅一公分，上方正中印有朱色「慈禧皇太后之寶」四方形璽印，詔書內容如下：

皇太后慈諭：

太常寺正卿盛宣懷所進藥丸甚有效驗。據奏，原料藥材采自台灣海外釣魚台小島。靈藥產於海上，功效殊乎中土。知悉該卿家世設藥局，施診給藥，救濟貧病，殊堪嘉許。即將該釣魚台、黃尾嶼、赤嶼三小島賞給盛宣懷為產業，供採藥之用。其深體皇太后及皇上仁德普被之至意。欽此。光緒十九年十月。

以當時慈禧太后統掌全國最高權力的皇太后的地位，她的詔書就是行使國家最高權力的象徵。此一事實說明，早在日本方面將釣魚台非法「編入」日本版圖之前，釣魚台早已是中國領土，所以慈禧太后才能將它賞給盛宣懷。

儘管此詔書有學者認為尚需考證部份疑點，但慈禧的印鑑是無法推翻的證據。而且由盛宣懷第四房盛恩頤傳到今日，並由其孫女盛毓真在美國國會作證，例入國會聽證記錄，這是不能有假的，因為美國國會聽證視同司法聽證，稍有不實，必以藐視國會治罪。

盛宣懷四子盛恩頤曾留學英國，在途經美國時交了一個美國女友，兩人生下一女，即盛毓真，後來被好友徐淑希（曾任中華民國駐加拿大大使）撫養成人，改名徐逸。

以上林林總總的歷史文件，強烈證明釣魚台是中國領土，那時的日本政府也清楚這個事實，所以在甲午戰爭之前，日本雖有野心，但僅限於勘察階段。最多不過想透過美國卸任總統格蘭，想三分琉球而已，但這時的意圖還不包括釣魚台在內。

中、日甲午戰爭改變了所有的事實，日本拿走台灣、澎湖，當然就包括了釣魚台，所以一九一九年三十一名福建漁民因在釣魚台附近被古賀家族救助而寫的「感謝狀」，當然是合理的。日本拿這個感謝狀作主權根據是非常幼稚的，因為時間是在《馬關條約》之後，二戰投降之前。

總之，日本從一八九五年統治台灣到一九四五年二戰結束共有五十年，這期間釣魚台沒有任何問題，但當他無條件對同盟國投降後，問題就一波波地浮上水面。

最後第七項證據是最近發現的：

二〇〇九年十二月四日，最新發現疑為中國古籍《浮生六記》的第五記〈海國記〉的「錢泳手抄本」版，其中的〈海國記〉內的一頁「冊封琉球國記略」，詳載有：「……十三日辰刻，見釣魚台，形如筆架。遙祭黑水溝，遂叩禱於天後。忽見白燕大如鷗，繞檣而飛，是日即轉風。十四日早，隱隱見姑米山，入琉球界矣。」的文字，若該書為〈海國記〉真實原文，則該記載比日本的古賀辰四郎在一八八四年發現釣魚台的時間還整整早了七十六年，釣魚台應屬於中國。

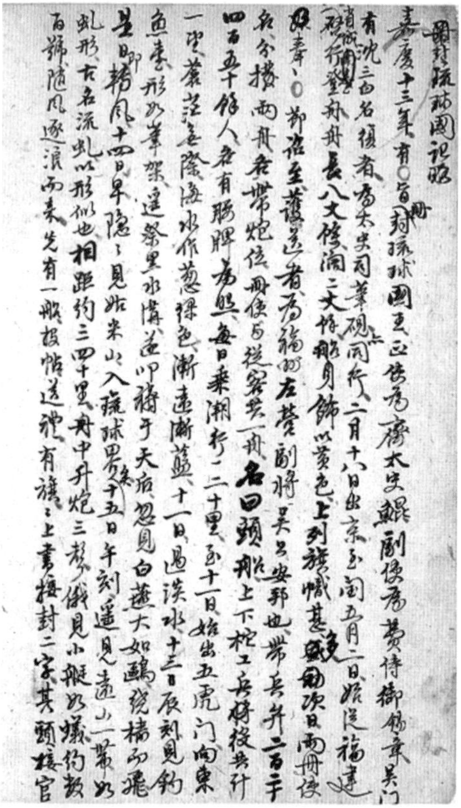
冊封琉球國記略
嘉慶十三年，有旨冊封琉球國王，正使為齊太史鯤，副使為費侍御錫章，吳門
有沈三白名復者，為太史司筆硯，同行。二月十八日出京，至閩五月二日，始從福建
[illegible]登舟，舟長八丈，修闊二丈，桅艙具飾以黃色，上列旗幟甚盛，次日兩冊使
[illegible]節啟至蘆[illegible]者，為福州左營副將吳安邦也，帶兵弁二百于
名，分撥兩舟，各帶炮位，冊使與從客共一舟，名曰頭號船，上下舵工兵役共計
四百五十餘人，各有腰牌為照，每日乘潮行二二十里，至十一日，始出五虎門，向東
一望，蒼茫無際，海水作蔥綠色，漸遠漸藍，十一日過渎水，十三日辰刻見釣
魚台，形如筆架，遙祭黑水溝，遂叩禱于天后，忽見白燕大如鷗，繞檣而飛，
是日即轉風，十四日早，隱隱見姑米山，入琉球界矣，十五日午刻，遙見遠山一簇，如
虬形，古名流虬，以形似也，相距約三四十里，舟中升炮三聲，俄見小艇如蟻約數
百艄，隨風逐浪而來，先有一艇投帖送禮，有旗上書接封二字，其頭接官

〈海國記〉抄本

《舊金山和約》於1951年9月8日簽訂，中華民國被排於外。

一九五一年的《舊金山和約》

釣魚台列嶼無論在歷史上還是地理上，和琉球羣島根本是風馬牛扯不上關係，尤其地理位置更是和花瓶嶼、彭佳嶼等島嶼一脈推積的，屬於「台灣——新幾褶皺帶」(Taiwan—Sinzi folded Zone)。但從何時起，因何原因和琉球扯在一起呢?這個答案很明顯地是因為美國插手才弄到今天的局面，也因美國勢力進入西太平洋，美國是整個糾紛的始作俑者，時間應是從一九四四年開始。

這年在原子彈尚未採用前，美國以五萬傷亡的代價，即沖繩羣島之戰，拿下琉球，作為進攻日本九州的基地，這就是「奧林匹亞作戰計劃」的前哨戰。

一個傷亡五萬子弟而攻佔的島嶼，當然在地理位置上非常重要，一直到今天，沖繩那霸還保有美國在亞洲最大的兩個基地：加手納（Kadena air base)和普天間（Futenma MC base)。所以從那年開始，美國壓根兒就沒想過放棄這個島，最基本的因素完全是戰略考慮，因為戰後蘇聯崛起，為了防止蘇聯的擴張，不但要扶持日本，而且不斷向國府蔣介石建言，必需中、日合作才能防堵蘇聯，這也是蔣介石在戰後沒有對日本要求賠償的主因。

因為蘇聯的因素，襯托出琉球的重要性，現在從美國國務院公開的部份外交檔案，如：FRUC Malta and Yalta conference、FRUC1943 CAIRO Conference，以及美國參謀總長聯席會報，JSC 70/ 40報告、JSC70/50報告、JSC1951/90報告等等，都已說明美國為了琉球問題曾開過上百次會議，在總統羅斯福時已精心策劃了下一步的步驟，目標就是不放棄琉球。

首先是在《波茨坦宣言》中，明確指出日本只能有四個大島，其他小島需同盟國同意才能享有主權。

其次是美國和日本簽定和約，以聯合國的名義進行托管，一九五一年簽訂的《舊金山和約》第三條規定：「日本對於美國向聯合國提出將北緯廿九度以南之南西諸島(包括琉球群島與大東群島)、孀婦岩島以南之南方諸島(包括小笠原群島、西之島與硫磺列島)及沖之鳥島與南鳥島置於聯合國托管制度之下，而以美國為唯一管理當局之任何提議將予同意。在此提案獲得通過之前，美國將有權對此等島嶼之領土及其居民，包括其領海，行使一切及任何行政、立法與司法權力。」美國認為自此取得對琉球群島的行政權。美方代表杜勒斯(John F. Dulles)在簽訂《舊金山和約》前解釋說，第三條是承認日本對琉球有「剩餘主權」(residual sovereignty)。杜勒斯表示：「條約第三條規定琉球與日本南方及東南各島，此等島嶼自投降後即在美國單獨管理下。有些盟國主張條約應規定日本放棄對此等島嶼的主權並交給美國，其他則建議此等島嶼應完全歸還日本。由於盟國間意見的不同，美國覺得最好的解決方法是准許日本保留剩餘主權，同時使這些島嶼可能帶入聯合國托管制度下，而以美國為管理當局。」以《舊金山和約》為開端，此後美國官方的各種相關文件均以此作為依據。

托管其實是爭取時間，然後再來設計下一步。很快地，杜魯門總統的國務卿杜勒斯想出奇招，把

杜勒斯

琉球的主權分成三塊：一是施政權，二是剩餘主權，三是駐軍權。美國的底線就是駐軍權不能放棄。這就是一九七一年六月十七日美日簽定《歸還沖繩協定》的玄機，施政權給日本，但美國保留駐軍權，一直到今天。

琉球指揮官奧登將軍

「27號令」之頒佈

以上國際間為琉球而產生的議題，到此時還是和釣魚台列嶼沒發生任何關係，大部份台灣北、東部沿海漁民仍然在黑潮來汎之季節，在釣魚台列嶼附近捕魚，直到一九五三年十二月廿五日，釣魚台起了根本變化，和琉球羣島牽連在一齊了。

這天，美國琉球指揮官兼琉球政府副總督、美國陸軍中將General David Ayers Depue Ogden片面宣佈琉球羣島是包括北緯三十一度以南，從九州到台灣的所有島嶼，其中包括釣魚台列嶼。這就是法理薄弱，糾紛至今的「27號令」。

美國政府片面宣佈的「27號令」，問題在沒有經過任何外交途徑磋商，就把釣魚台列嶼劃入琉球羣島。美國這種擅自的「決定」是無效的。美國僅係代表聯合國托管琉球群島，美國並非代表國際法院，美國也不是釣魚台列嶼爭端的當事國，美國並無權將非屬於美國的領土交付給日

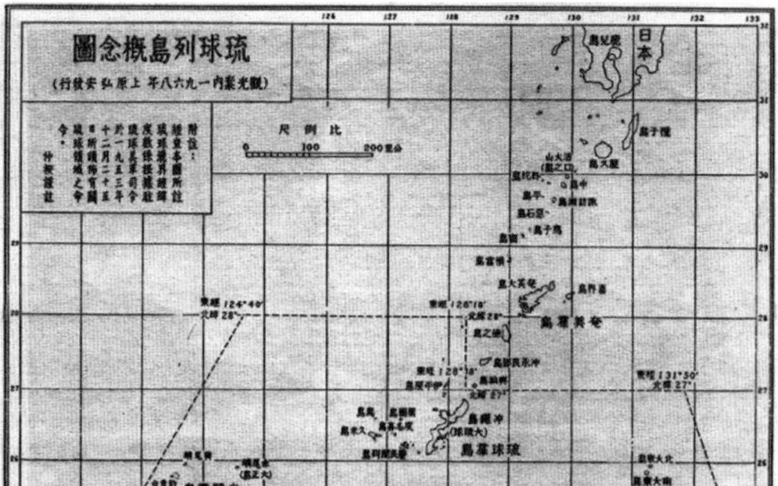

美方「27號令」指定的琉球列島地理界線

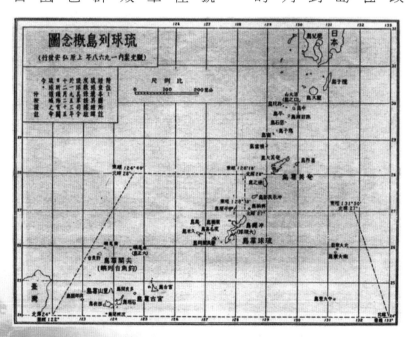

本。這些道理非常明確，可惜當時國際間的情勢正面臨著一個詭譎的局面，使得應該出面抗議的中華民國政府遲遲沒有表態，錯失機會。

這時整個西太平洋的局勢，是蘇聯爲首的共產集團已和美國為首的自由陣營冷戰多年。杜勒斯的圍堵政策已確定，中國共產黨佔據整個大陸，台灣國府已敗退台灣，死傷無數的韓戰於一九五三年七月結束。這些大事的總結：就是所有自由陣營的國家應攜手以防共為第一優先。故在頒佈「27號令」後，不但沒有反對的聲音，而且還受到東亞各國的肯定，因為這裏尚未發現石油，完全是出於戰略性的考慮，危急時可以對中共、蘇聯作迅速反應，所以日本、韓國最歡迎，這也是中華民國台灣不願反對的主因。後來在一九五八年的「八二三砲戰」中，壓制中共的二〇三公釐口徑的八寸巨砲，便是從琉球運出的。如果當時國府對「27號令」提出抗議，必然受各國苛責，認為我們是故意找麻煩。國際間這種吊詭的發展，真是當前的利益，很快就成為往後的禍源。

「艾默利報告」

挑起此一禍源的主軸戲，就是加拿大裔美籍海洋學博士艾默利（Kenneth O, Emery）的報告。他生於一九一四年，自稱K,O，出生於加拿大，在美國德州長大，他畢業於伊利諾大學，受教於海洋地質學大師Francis Shepard，成為當代最有聲望的海洋地質學家，任教南加大、麻省理工學院，並且是WHOI的榮譽會員，畢身著作得獎無數。就因其專業領域如此卓越，被聯合國禮邀，組團探勘東海海底地層。

其實早在一九六六年以前，美國海軍航空測繪所已從空中得到參數，知道琉球和台灣之間因地層變化，有蘊藏油氣的可能，於是將此發現提交聯合國。同年聯合國亞洲暨遠東經濟委員會(the UN Economic Commission for Asia and the Far East，簡稱ECAFE)成立了一個「亞洲海域礦產資源聯合探測委員會」(Committee for the Co-ordination of Joint Prospecting for Mineral Resources in Asian Offshore Areas，簡稱CCOP)，以協助探勘亞洲東部海岸海底的礦物。最初這個委員會是由台、日、韓、菲等四國組成，之後又邀請英、美、法、西德專家為技術顧問。CCOP於一九六八年六月再次請美國航空地磁所協助實測的結果，一致認為從地層和構造上顯示，從琉球群島、台灣至日本間的大陸礁層邊緣地帶，以及黃海、渤海都很可能蘊藏有石油。

為了正確地評估大陸礁層上，新第三紀沉積層的厚度與構造，必須進行地球物理的測勘工作。一九六八年十月，在CCOP 的贊助下，以艾默利為首的台、美、日、韓四國十二位地質學家，以美國海軍海洋局(United States Naval Oceanographic Office)所提供的研究船亨特號(R/V F. V. Hunt)在東海與黃海進行了六週的測勘。測勘報告由十二位地質學家共同完成，並於一九六九年出版，一般簡稱為「艾默利報告」(Emery Report)。

報告中指出：本地區最有希望儲藏油氣的部分，就是台灣東北一片二十萬平方公里的海域。沉積物的厚度超過二公里，在台灣更達到九公里，其中有五公里厚的新第三紀沉積物。在大陸礁層之下堆積的沉積物相信大部分都屬於新第三紀岩層。在日本、韓國與台灣，幾乎所有陸地上的油氣都產自新第三紀的岩層。台灣與日本之間的大陸礁層，極可能是世界藏油最豐富的地區之一，這也是全世界少數幾處尚未進行鑽探的廣大礁層。

這晴天霹靂的新發現，因利之所在，將整個東北亞、東亞的戰略局勢打亂。一九七二年中華民國退出聯合國，由中共取而代之，於是本來只有美、日、國府摻和的釣魚台紛爭，即刻成為中共、日本、國府、美國等四國之間糾纏不清的難題。

尼克森和佐藤榮作的《歸還沖繩協定》

早在一九四七年，日本無條件投降後不到兩年，日本政府就對琉球露出野心。在七月廿六日那天，當時的日本外相蘆田均向美國國務卿艾奇遜提出琉球議題，被艾奇遜當場喝止，並趕出辦公室。如今有了海底原油，他們更是不會死心了。

提起能源問題，日本曾經一再嚐到苦果，所以大多數的日本人可能無法冷靜看待。日本學者後藤康浩認為：日本被迫發動太平洋戰爭的直接契機，即是歐美對日本實施石油禁運。二戰時期，日本海軍的行動能力取決於保有石油的存量。隨著戰事的擴大，日本不得不動員保護東南亞的油田，國內甚至要砍倒松樹，提煉松根油。因此，從這個角度來看，對日本人而言，二次大戰就是圍繞石油的戰爭。一九七三年第一次石油危機爆發，對石油需求的迫切感再度襲上國民心頭，甚至引起社會的恐慌，石油業界人士對日本是一個沒有產油的國家感到悲哀。由於石油危機的影響，一九七四年日本的國民生產總值出現戰後首次的負成長，企業破產增加，失業人數大增，通貨膨脹率更上漲至百分之二十。由於這些經驗，使得日本深切體認到石油能左右國家的存亡。過去因為歷史問題，日本一直未在東海問題上採取主動，但是自從小泉執政以來，日本右翼勢力快速上升，隨著時間的推移，日本國內各界的聲音

一生以收回琉球為目標的日相佐藤榮作

把琉釣羣島交還日本的尼克森

季辛吉

已逐漸趨向於統一：東海石油，尤其是釣魚台列嶼附近的資源，是這個「經濟大國，資源小國」的未來命脈，決不可放棄。因此收回包括釣魚台在內的琉球羣島，成為日本政府的第一要務，首相佐藤榮作就這樣走向前台。

在美國方面有兩個超級大狐狸：尼克森和季辛吉正在籌佈新的戰略計劃，即拉中制蘇。第一步是退出越戰，美國於一九六九年發表「關島主義」，主旨是美國收縮在亞洲的政策，亞洲事務應由亞洲各國多承擔，更明確的是要日本在亞洲的角色比重加重。對於包括釣魚台在內的琉球歸屬問題，尼克森和季辛吉兩人在幾經謀劃之下，還是認為給日本較為穩妥；中華民國從歸還國家的名單中被刪除，蔣介石在他的日記中寫下：「心痛悲憤，不知所止」。

一九七一年六月十七日，美國總統尼克森和日本首相佐藤榮作簽定《歸還沖繩協定》，把沖繩交還日本，歸還日期定在一九七二年五月十五日，沖繩縣成立。美日協定的正式英文名稱是「Agreement between Japan and the United States of America Concerning the Ryukyu Islands and the Daito Islands」（美國和日本關於琉球群島和大東群島的協議）。在協定內文中，使用的詞彙是：「relinquish in favor」，含義是「移交」。因此「歸還沖繩協定」的正確名稱應該是「移交琉球協定」。

其實在美日在簽訂此《協定》的前一年，已經發生許多直接和釣魚台有關的事件：一九六九年，琉球列島石垣市政府在釣魚島上建立了界標；一九七〇年八月三十一日，在美國監督下的琉球政府

1969年，日本所立的界標

立法院起草了《關於申請尖閣列島領土防衛的決定》。但不到三天，也就是一九七〇年九月二日，《中國時報》記者採訪團四人（宇業熒、劉永寧、蔡篤勝、姚琢奇），搭乘海洋探測船「海憲號」登上釣魚台島上，插上中華民國國旗，並在岩石上刻字；九月十五日，國旗遭琉球警察拔除。於是，隨著日本外務省對於釣魚台列嶼主權的陸續發言，所有重要的全球華人媒體與團體都發言支持政府保衛釣魚台列嶼主權，包括《中央日報》、《聯合報》、《中國時報》、《自立晚報》、《中華雜誌》、《展望》、《新聞天地》，國民黨、青年黨、民社黨，監察院、立法院、國民大會、台灣省議會、彰化縣議會、華僑救國聯合總會等。海外華人包括美國、英國、歐洲、馬來西亞、新加坡、香港、菲律賓……。於是風起雲湧的「保釣運動」從此展開，一直到今日。

由於全球華人一致反日保釣，而且運動越來越大，使得國、共兩個政府把原本軟弱的姿態拋棄，開始邁向強硬。等到《歸還沖繩協定》簽訂之後，「保釣運動」更是火上加油，一發不可收拾。例如中華民國外交部在協定公佈的第二天即發佈公報：

中華民國政府近年來對於琉球群島之地位問題一向深為關切，並一再將其對於此項問題之意見及其對於有關亞太區域安全問題之顧慮，促請關係國家政府注意。

茲獲悉美國政府與日本政府即將簽署移交琉球群島之正式文書，甚至將中華民國享有領土主權之釣魚台列嶼亦包括在內，中華民國政府必須再度將其立場鄭重昭告於全世界：

關於琉球群島：中、美、英等主要盟國曾於一九四三年聯合發表《開羅宣言》，並於一九四三年發表《波茨坦宣言》規定《開羅宣言》之條款應予實施，而日本之主權應僅限於本州、北海道、九州、四國以及主要盟國所決定之其他小島。故琉球群島之未來地位顯然應由主要盟國予以決定。

一九五一年九月八日所簽訂之金山對日和約，即係以上述兩宣言之內容要旨為根據，依照該和約第三條之內容，對琉球之法律地位及其將來之處理已作明確之規定。中華民國對於琉球最後處置之一貫立場為：應由有關盟國依照《開羅宣言》及《波茨坦宣言》予以協商決定。此項立場素為美國政府所熟知，中華民國為對日作戰主要盟國之一，自應參加該項協商。而美國未經此項協商，遽爾將琉球交還日本，中華民國至為不滿。其外交聲明為：

關於釣魚台列嶼：中華民國政府對於美國擬將釣魚台列嶼隨同琉球群島一併移交日本之聲明，尤感驚愕。

該列嶼係附屬台灣省，構成中華民國領土之一部份，基於地理地位、地質構造、歷史聯繫以及台灣省居民長期繼續使用之理由，已與中華民國緊密相連，中華民國政府根據其

保衛國土之神聖義務，在任何情形之下絕不能放棄尺寸領土之主權。因之中華民國政府曾不斷通知美國政府及日本政府，認為該列嶼基於歷史、地理、使用及法理之理由，其為中華民國之領土，不容置疑，故應於美國結束管理時交還中華民國。現美國逕將該列嶼之行政權與琉球群島一併交予日本，中華民國政府認為絕對不能接受，且認為此項美日間之移轉絕不能影響中華民國對該列嶼之主權主張，故堅決加以反對，中華民國政府仍切盼關係國家尊重我對該列嶼之主權，應即採取合理合法之措置，以免導致亞太地區嚴重之後果。

一九七一年十二月三十日，北京政府也發表對於釣魚台列嶼的主權主張，強調釣魚台自古即為中國固有領土，並抗議美、日簽訂的《歸還沖繩協定》。

北京政府的聲明：

近年來，日本佐藤政府不顧歷史事實和中國人民的強烈反對，一再聲稱對中國領土釣魚島等島嶼「擁有主權」，並勾結美帝國主義，進行侵吞上述島嶼的種種活動。不久前，美、日兩國國會先後通過了「歸還」沖繩協定。在這個協定中，美、日兩國政府公然把釣魚島等島嶼劃入「歸還區域」。這是對中國領土主權的明目張膽的侵犯。中國人民絕對不能容忍！美、日兩國政府合夥製造的把沖繩「歸還」給日本的騙局，是加強美、日軍事勾結，加緊復活日本軍國主義的一個新的嚴重步驟。中國政府和中國人民一貫支持日本人民為粉碎「歸還」沖繩的騙局，要求無條件地、全面地收復沖繩而進行的英勇鬥爭，並強烈反對美、日反動派拿中國領土釣魚島等島嶼作交易和藉此挑撥中、日兩國人民的友好關係。

釣魚島等島嶼自古以來就是中國的領土。早在明朝，這些島嶼就已經在中國海防區域之內，是中國台灣的附屬島嶼，而不屬於琉球，也就是現在所稱的沖繩；中國與琉球在這一地區的分界是在赤尾嶼和久米島之間；中國的台灣漁民歷來在釣魚島等島嶼上從事生產活動。日本政府在中日甲午戰爭中竊取了這些島嶼，並於1895年4月強迫清朝政府簽訂了割讓「台灣及所有附屬各島嶼」和澎湖列島的不平等條約——《馬關條約》。現在，佐藤政府竟然把日本侵略者過去掠奪中國領土的侵略行動，作為對釣魚島等島嶼「擁有主權」的根據，這完全是赤裸裸的強盜邏輯。

第二次世界大戰後，日本政府把台灣的附屬島嶼釣魚島等島嶼私自交給美國，美國政府片面宣佈對這些島嶼擁有所謂「施政權」，這本來就是非法的。中華人民共和國成立後不久，一九五〇年六月廿八日，周恩來外長代表中國政府強烈譴責美帝國主義派遣第七艦隊侵略台灣和台灣海峽，嚴正聲明中國人民決心「收復台灣和一切屬於中國的領土」。現在，美、日兩國政府竟再次拿我國釣魚島等島嶼私相授受。這種侵犯中國領土主權的行為不能不激起中國人民的極大憤慨。

中華人民共和國外交部嚴正聲明：釣魚島、黃尾嶼、赤尾嶼、南小島、北小島等島嶼是台灣的附屬島嶼。它們和台灣一樣，自古以來就是中國領土不可分割的一部分。美、日兩國政府在「歸還」沖繩協定中，把我國釣魚島等島嶼列入「歸還區域」，完全是非法的，這絲毫不能改變中華人民共和國對釣魚島等島嶼的領土主權。中國人民一定要解放台灣！中國人民也一定要收復釣魚島等台灣的附屬島嶼！

如今回顧有關釣魚台的五大階段，《歸還沖繩協定》等於是美、日聯手向全球的華人宣戰！從此以後，釣魚台的紛爭不再限於公理、國際法論戰的層面，而是走向實際的行動，一連串的建塔、設標、登島、海監船巡弋、雷達互相鎖定等，都是從紛爭走向衝突，使問題更不穩定、更尖銳，再難回到起點了。

表面上看，是日本有了依據，從後台走上前台，直接插手琉球事務，但實際上其實是美國用日本來消耗中共國力的開始。又如美國是用「一桃殺三士」的手法，讓中、日、台各有損傷，但他也有因《美日安保條約》而被拖下水的可能。國際局勢往往是詭譎而難以掌握的，就像「艾默利報告」的出現一樣，事先誰也難以意料，因之將來的發展，還有得瞧。

7. 「保釣運動」的兩大影響

確保釣魚台

馬英九說：「釣魚台之所以沒有完全給了日本，保釣（保釣運動）有很大的功勞。」

歷史上所有的羣眾運動都是有根據地，道理很簡單，因為事情發生地對當地人有巨大影響，運動由是而生。例如「五四運動」發生在中國，「明治維新」在日本，「十月革命」在蘇聯，「工業革命」在英國……等等。只有一個運動非常特殊，那就是世界華人或多或少都有參與的「保釣運動」，因為它的發生不在中國，但對兩岸三地的影響卻一直延續到今天。

最為重要也是保釣動運最為正面的影響，就是「如果沒有《中國時報》的記者登島，便沒有國府留美學生在北美發起保釣運動，那釣魚台就會被日本竊占了」。

從現在所有解密的文獻和官方檔案，已非常明確地證明了一件事：無論在台北的中華民國政府，或是在北京的中共政府，為了現實的利益，都不得不用釣魚台作籌碼，用以制

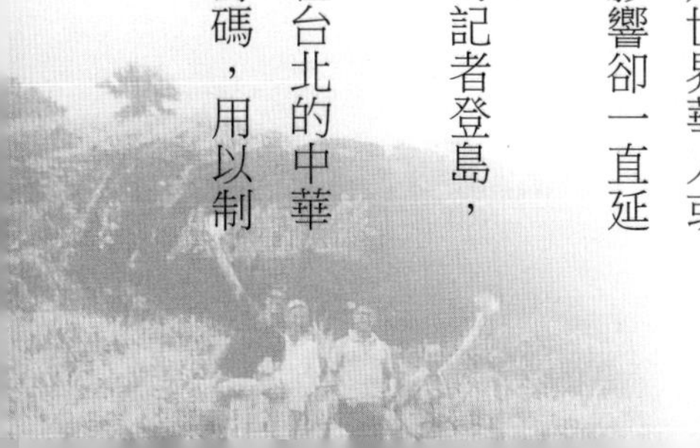

台或制共，這讓日本在兩個分裂的中國政權中見縫插針，得漁翁之利，悲哀啊！

在台北的中華民國政府，在一九四九年以前，完全是「陸權」國家的思維，根本沒有英美國家的「海權」觀念。在二次世界大戰之後，對台灣及澎湖的歸屬問題，因為民族情感才全力爭取，對其他東太平洋的島嶼並無太大興趣。再加上蘇聯的虎視眈眈，蔣介石認為史達林是第一敵國，只有中、日合作才能抵擋。這個戰略觀點也正是美國贊同的，所以蔣自己決定（沒有經過任何代表中國國民的會議認同）不要求任何賠償，「以德報怨」，又堅持日本保留天皇制（其實他才是頭號戰犯），這麼一來，日本又從夾縫中跳到國際舞台上了，從那一刻起，全日本又敗部復活了。

一九四九年後，中華民國政府不爭氣，又給了日本一個更好的機會，就是不但丟了大陸，退守台澎，連國際上的合法代表性都受到壓迫，於是日本拋出兩個誘惑，國府正如上面所說的「現實的利益」，不得不接受了。

第一個誘因：同盟國在二戰結束後，所有和日本為敵的四十七個國家，一同在一九五一年於舊金山和日本簽訂合約，但受害最大的中國卻排除在外，因為中國正在內戰，誰是合法代表國還看不出。到了一九五二年，雖然國府已敗退於台灣，但日本首相吉田茂表示願意和中華民國簽訂和約，把中共排斥在外，這是因為此時杜勒斯的圍堵政策已形成，台灣是第一島鏈的一部份，美國當然不希望有缺口，於是在美國的主導下，中日和約於台北簽定，全名稱為：《中華民國與日本國間和平條約》，又稱《中日和平條約》、《中日和約》、《台北和約》，是中華民國與日本為結束兩國之間自第二次世界大戰以來的戰爭狀態而簽訂的和平條約，於一九五二年四月廿八日在臺北簽署，同年八月五日雙方換文生效。該條約明定中華民國與日本之間的戰爭狀態，自本約發生效力之日起即告終止，日本放棄對於臺灣、澎湖群島以及南沙群島、西沙群島之一切權利、權利名義與要求，也放棄了自《辛丑條約》以來在中國的一切特殊權利及利益，表示將開始經濟方面之友好合作，儘速商訂兩國貿易、航業、漁業及其他商務關係的條約或協定。

1952年4月28日在台北簽訂《中日和約》

日本這一外交運作對中共的打擊很大，蔣介石是受益者，但在促成此合約的地下大使蔡孟堅的回憶錄中，也透露了些許端倪：岸信介在作最後決定時有另一口頭秘密協定，就是沖繩未來歸屬，中華民國持不反對立場。蔣是由張羣親帶口訊，表示「可以保持沉默」，岸信介才決定派河田烈為全權代表，趕在《舊金山和約》生效前，赴台簽約。

接下來就是以收回琉球為平生最大願望的佐藤榮作出任首相（歷經吉田茂、池田勇人），他以全力支持國府的姿態，拋出兩個蔣介石不能拒絕的誘因：第一是日本視國府為唯一代表中國的政府，而且只要他在位一天，則全力支持國府在聯合國之席位。第二是以低率貸款一億五千萬美元給台北國府。（佐藤確實做到此兩事，並在後來以特使身份，代表日本政府參加蔣的喪禮）

佐藤如此違反國際外交規則的大動作，一廂情願向國府傾斜，主要就是要國府對琉球（沖繩）的未來歸屬問題保持沉默，蔣介石也確實默默履行他的承諾。

就在國府於一九六六年收到一億五千萬美元的低率貸款後，第二年，即一九六七年九月二十日，台北《經濟日報》突然刊登美國歸還琉球的新聞，蔣非常生氣，封了該報六天。這種欲蓋彌彰的舉動，後人有許多解釋，其一是在開羅會議中，蔣兩次拒絕羅斯福的提議，不願托管琉球是失策，遺禍至今，他生怕背負外交短視的罪名而惱羞成怒；另一說法是因為現實的利益，怕和日本的約定曝光，因而不惜用封報的手段封鎖新聞。但新聞這個現代產物包含著社會心理學，越是封鎖的消息，越是有更多的人注意。就在此時，人算不如天算的大事捲起滔天風波，把整個東海五國捲在一起，糾纏至今。那就是一九六九年十月，由聯合國主持調查的「艾默利報告」公佈於世。

原本在美國主導的防堵政策中，第一島鏈的促成，對東太平洋的安定有一定的效用，尤其中共參與韓戰，共產主義又漫延到越南，越戰正在發生，防堵赤禍被當時的亞洲各民主國家視為要務，故琉球（包括釣魚台）置於島鏈之中，由美國托管是受到支持的。但現在丟下另一枚「蘊藏資源」的炸彈，使問題更加複雜。本來可以對釣魚台歸屬表示「遺憾」的中華民國政府(見一九六九年十一月廿二日國府《外交公報》），由於事態擴大，不僅不能裝聾作啞，態度也逐漸改變。最大的變數是民氣。

從甲午戰爭至今，有關國家尊嚴的事情，只要對手是日本，民族情緒就開始發酵，尤其是在主權問題上更是絕不能退讓，因為日本給中國人帶來的災難實在太大了。現在由於能源的發現，紙包不住火，日本想要重施竊佔故技，必然引起中國人的反彈。

果不其然，先是台灣《中國時報》記者在一九七〇年九月二日登上釣魚台宣示主權，接下來就是全美留學生發起的「保釣運動」，一直燃燒到今天。

國府對釣魚台的外交態度，「保釣運動」是一個分水嶺，在此以前的態度是曖昧的，一九五三年十二月廿五日美國琉球托管政府片面發佈「27號令」，把釣魚台私自劃歸琉球羣島，當時的國府不知有沒有查覺呢？還是心甘情願讓它在島鏈之中，總之沒有用外交手段抗議，基本上就是為了現實的利益，準備用它當籌碼來做交換。「保釣運動」之後，國府終於發現若不順從民意，中共不但在海外大收人心，同時國內政權也有失去的危險。於是態度作一百八十度轉彎，絕不承認日本在釣魚台的主權。（見一九七一年六月十八日的《外交公報》）

1972年9月25日，周恩來和田中角榮簽訂建交之會議

在中共方面，對琉球的政策其實和台灣政府沒有什麼兩樣，他也是在「保釣運動」發生後，為了另一個現實的利益——中日建交，態度更是曖昧。

一九七二年五月十五日，美日《歸還沖繩協定》正式生效，美國把釣魚台歸還日本。日本海上保安廳派遣巡視船巡視釣魚台列嶼，表示日本對釣魚台列嶼擁有主權。五月廿四日，日本駐聯合國代表致函聯合國秘書長和安理會主席，聲稱釣魚台列嶼屬於日本。同年，中、日就正式建交進行談判，釣魚台問題就此端上檯面。九月廿五日至三十日，日本首相田中角榮等政府官員訪問中華人民共和國。田中在會見記者時說：在會談中，日本方面提出「想把尖閣列島主權問題弄個水落石出」，但中國總理周恩來表示，「在這裡就不要討論了，在地圖上找不到，只不過是由於石油問題才出現爭論的嘛」，避免從正面接觸這個問題。九月廿九日，中、日兩國發表《聯合聲明》，實現了中日關係正常化。在釣魚台問題上，雙方採取暫時擱置爭議的辦法，同意將釣魚台列嶼歸屬問題留待以後條件成熟時解決。

為了締結《中日和平友好條約》(於一九七八年八月十二日簽訂)，一九七二年十月下旬，雙方交換《中日和平友好條約》的批准書，副總理鄧小平訪問日本。廿五日在日本記者俱樂部會見各國記者時，記者團中有人針對釣魚台問題提出質疑，鄧小平作了以下的回答：「我們把尖閣列島叫作釣魚島等島嶼。因此，從名稱來看，稱呼也不同。關於這一點，雙方確實有意見分歧。中、日邦交正常化時，雙方約定不談這一問題。在這次進行《中日和平友好條約》的談判時，也一致同意不談這一

1978年10月23日，《中日和平友好條約》簽訂

問題。從中國人的智慧來說，只能考慮採取這樣的方法。因為一談這個問題就說不清楚了。一部分人想利用這一問題來挑撥中、日兩國之間的關係。因此，中、日兩國政府認為，進行談判時最好迴避這一問題。這個問題暫時擱置起來也沒有關係。擱置十年也沒關係。我們這一代人缺少智慧，談這個問題達不成一致意見。下一代人肯定會比我們聰明。因此，那時一定會找出雙方都能接受的好方法。」

於七零到八零年代，在國際地位上，美、日都是對中共有比較大的顧忌。中共和週邊的國家，如蘇聯、韓國、台灣、越南、印度都有軍事糾紛，是很難壓制的對手，照理中共可以擺出強硬的態度，對釣魚台的主權有較優勢的發言權，但從上面兩則有官方紀錄的文件來看，周恩來和鄧小平所用的「擱置」，和蔣介石的「沉默」其實是一體兩面，沒有什麼不同。

可是在對待海外留學生的手法上，到今天檢討起來，台灣政府的手法要比中共粗糙多了，國府派出安撫留美學生的代表是教育部國際文教處處長姚舜和國民黨三組副主任曾廣順，兩員都是救國團培養的，當然是蔣經國的班底，但他們二人在美一個月，東奔西跑，結果因政府政策不堅定，部與部聯繫不夠，收效不大。據說他們似乎以大家長的姿態，「訓誡」留美學生「好好讀書，一切有政府來操心」。這當然是沒有說服力的。

相對地中共對這個運動的看法完全不同，他們是弄羣眾運動起家的，但參加保釣的學生，從大陸來的寥寥無幾，裏面沒有自已的人，於是安撫及爭取留學生的層次就由總理周恩來自已出面，把保釣的五個主要人士，李我焱、王春生、陳治利、陳恒次、王正方邀請到北京參觀訪問，周恩來還和他們談話六小時，從深夜至清晨四時，同時共進稀飯及小菜。這麼一來，中共策略成功，大收海外人心，從此運動更是不斷擴大，影響至今。

「保釣運動」也就在一個處長、一個總理的運作下走上同一條路，把全球華人團結起來，共同挺進，代代相傳，使得海峽兩岸的主政者沒有把釣魚台給丟了。無怪乎馬英九要說：釣魚台之所以沒有完全給日本，保釣有很大的功勞。

保釣的另外一個影響，在於標示出民族主義的復興，為台灣後來的民主運動儲備了人才，就像「五四運動」為後來的抗戰儲備了人才一樣，這就是下一篇要說的題目了。

「保釣運動」是全球華人覺醒的號角

「保釣運動」的發生是在北美。那時中華民國留美的學生、外省子弟，攻讀理工科者居大多數；大陸正在文革的尾聲，留美學生寥寥無幾。此運動的發起者同時也是政治啓蒙者，就是這批學生。如今評估「保釣運動」對今天兩岸三地在政治層面上的影響，絕不亞於「五四運動」。

本來一張白紙的政治意識，經此次洗禮，所有在美國的留學生開始覺醒：原來中華民國給我們的小學、中學、大學教育是非常脆弱，經不起挑戰的，在聯合國的席位上，在面對中共外交的壓迫下毫無本領，尤其在面對日本外交和釣魚台的主權爭議中，我們的政府竟是如此軟弱！在那純潔的意識中，各自想填什麼就填什麼，於是各自為自己的認知、自以為是的信仰，作了自己的選擇。一場天翻地覆的好戲，紛紛登場。

對中共的政治改革影響有限

由於中華民國政府在「保釣運動」的初期並不十分重視，其後又在疏導、安撫中分寸拿捏不準，結果得到相當大的反彈，再加上在外交上，為了確保聯合國的席位，不敢對日本說硬話，最後

1971年9月在美國密西根州安娜堡召開的保釣會議，留美學生開始分裂，擁護中華民國的右派退出會議。

1971年1月29日，三千名台灣留美學生在紐約聯合國大廈前示威，保釣運動由此展開。

在安娜堡的保釣運動會議上，失去百分之五十以上的留學生。而中共恰好和國府相反，正一步步走進聯合國，對美、日敢講硬話，不但沒有壞處，反而更受其他反美國家的支持，何樂而不為，結果不費吹灰之力，把中華民國花了十八年時間，用了許多外匯才送出來留學的學子，輕而易舉地收入懷抱，成為在海外的傳聲筒。

事實上，由於當時的中華民國政府沒有力量扭轉此一國際現實，加上中華人民共和國高唱民族主義，使得部份臺灣海外留學生開始左傾，代表人物如後來成為知名小說家的劉大任、郭松棻等。五位臺灣留學生李我焱、陳恒次、陳治利、王正方和王春生於一九七一年九月訪問北京，受到周恩來接見。諾貝爾獎得主楊振寧也於該年受邀訪問中國，後來發表〈我對中華人民共和國的印象〉，大大讚揚中國氣象之變化。此後有陸續有海外留學生或學者前往「新中國」。

國民黨高層面臨學生愛國運動，一向缺乏積極有效之處理手法。其實往左走的一批留美學生，在海外對台灣政府是有某些程度的傷害；但對中共在大陸的政治改革的貢獻卻非常有限，甚至想回大陸都被周恩來的「拖刀計」給忽悠了。有一段很有趣的經過是這樣的：

一九七一年四月十日華盛頓保釣大遊行之後，第一批保釣運動人士的訪問團已在悄悄進行，一九七一年九月中旬的一個深夜，伊利諾大學研究生陳治利突然接到電話，是東部的李我焱打來的，說要組團回大陸參觀，徵求有美國永久居留權、學業不致受影響的人加入。陳治利在徵得妻子同意後，又主動推薦法學院的陳恒次同學參加，陳恒次得以成為訪問團裡唯一的台灣本土籍留學生（他後來成為中共駐聯合國代表處的法律顧問，在非洲因空難逝世）。加州伯克萊分校的劉大任等人也接到李我焱的電話邀請，在與朋友的一番深思熟慮後，他選擇了放棄，理由是「條件尚不成熟，避免不必要的麻煩」。

而正在威斯康辛大學讀社會學博士的王春生則沒有太多的猶豫，她是經由師兄程明怡的舉薦得以入選的，「當時出於性別考慮，希望中西部出一個女性代表，正好適合。」她回憶說：「我的父親王民當時是台灣《新生報》的社長，也算是國民黨高幹，我並不害怕什麼迫害。」（王民後來由《新生報》社長轉任中四組副主任，在任上退休）最終成行的訪問團一共四人，李我焱為團長，四位團員分別是陳治利、陳恒次、王正方和王春生。「這五人均來自台灣，基本都是保釣運動各地區的聯絡人。」

他們是在一九七一年九月底啟程，到十一月初才和周恩來總理見面，在談完釣魚台問題、兩岸關係、兩岸民間情感等話題之後，訪問團員異口同聲地將海外學子渴望回國的願望告訴周總理，希望依照錢學森的例子，再度組團回國服務。出乎李我焱意料，周總理的回答是：國內當時的形勢不適合海外歸來的學子一展抱負。周總理幽默地以「小孩子在外打架，打輸了，就往家跑」作比喻，勸我們在外面多歷練，寓才於外嘛。但陳治利並不甘心，還提到個別情況，周恩來於是顯現出他那如電腦般的頭腦說：「個別情況個別對待。」

繼而話題一轉，周恩來就說到中國要重返聯合國，十分需要中英文俱佳，且熟悉國外辦事方法的華裔留學生，經過考試，參加聯合國秘書處的工作。他說：「這也是報國之途，大家不妨考慮。」

這四兩撥千斤的手法，周當然是大行家，兩下子就把這批「熱心報國」的台灣留學生給澆滅火了。因為中共剛成功地取代中華民國在聯合國的席位，沒有花絲毫力氣就成為安理會常任理事國，而這個位置可呈送一定的名額進入聯合國秘書處，而進聯合國任職，無論待遇、退休、外交地位，都有極大的誘惑，更不用說這些人面對「文化大革命」，活下來的機率等於零。還談什麼「熱心報國」、「政治改革」了。

保釣也引起政治冷感

再說因「保釣運動」而把政治看穿的自由派，他們知道自己被利用之後，再也兩邊都不靠了，有的不出任何聲音，對中共或台灣國府兩邊的說詞不屑一顧。也有一批對兩岸政府無一絲好感，開口就痛罵兩邊政府都不值得信任，從此不沾中國政治，在美國為生活打拼。這批「保釣運動厭煩者」其實佔大多數。其「政治冷感症」，莫若說是「哀莫大於心死」。

真正因保釣而產生政治改革的，應該是學成回國的留美學生，這就是「革新保台派」，他們把悲憤化為力量，在台灣從事體制內改革，不斷前仆後繼地為台灣的政治改革努力，把台灣的政治形態作了根本的變化，也就因此而產生今天這麼多的政治人物，主導國府的前途，其中反共愛國聯盟的參加者，至今仍對台灣政壇有一定的影響力。

一九七二年五月十五日，美國片面將釣魚台列嶼連同琉球群島移交日本管轄，引起華人僑界的不滿；當時的中國留美學生遂展開了一系列的保釣運動。一九七一年，聯合國代表權問題丕變，中華民國遭遇外交挫折；在美保釣運動成員由此分為反共和親共派，中華人民共和國藉機吸收一些在美留學生。中國國民黨遂組織在美留學生成立「反共愛國聯盟」，標榜愛國就要反共，號召在美右派學生對抗親共的左派學生。

早期加入的保釣學生，有馬英九、李慶華、蘇起、張京育、關中、鄭心雄、魏鏞、趙少康、郁慕明等人；這些核心成員在七〇年代末學成歸國後多出任公職。時逢中華民國與美國斷交，愛盟因而發起「愛鄉更愛國運動」，抗議美國政府，投入中國青年救國團、成功嶺等組織運動，並成立「團結自強協會」，主張反共、反台獨。一九八〇年，愛盟聯誼會受中華民國政府委託，舉辦「大鵬營」，對即將出國留學的學生展開工作。

一九八八年，中華民國總統蔣經國去世，副總統李登輝依法繼任，並獲推選為中國國民黨代理主席。此時由於國民黨內部路線爭議，加上台灣社會各種運動蜂起，政局產生劇烈變化；愛盟成員不滿李登輝領導者，與黨內保守勢力結合，被當時傳媒稱為「非主流」派；由於理念與意識形態差異，這些成員或蟄伏黨內，或另立新黨。一九九〇年五月，愛盟部分成員成立「中華民國反共愛國聯盟」。

二〇〇一年，「中華民國反共愛國聯盟」與「愛盟聯誼會」宣布和解合併。二〇〇七年，愛盟成員吳敦義在該組織精神領袖關中推薦下，被任命為中國國民黨中央委員會秘書長，到今天，正副總統都是愛盟成員，這象徵愛盟勢力在國民黨內的實力確實不可輕視。

所以說「保釣運動」為台灣國府蓄備人材，正如「五四運動」為抗戰蓄備人材一樣，這樣的比喻是非常恰當的。

保釣運動除了上面所說的左、右、中的影響之外，在台灣本島還引起另一個啓蒙運動，那就是統獨之爭：整個台灣的政治生態由本土性保釣運動開始，有了根本的改變。

一九七一年一月到四月，保釣運動的示威及留美學人的上書，震撼了在台灣的中華民國政府，也帶動了「四一二示威」以後，台灣台大、政大、師大、淡江、海洋學院、逢甲等一連串的大學生保釣抗議運動。

一九七一至七二年間的保釣運動，是國民黨在大陸及台灣執政時期所面臨的第三次大規模的學生運動。國民黨從

1971年4月，台灣台大、政大各大專院校也展開保釣運動。

一九三五年以來，曾面臨二次全國性的學生運動，第一次全國性學運是一九三五年十二月九日的「一二九運動」，由北京燕京大學發起，學生要求政府一致對外抗日，漫延到全國各地大學，針對的是當時政府「先安內、後攘外」的政策。

第二次學運是一九四六到四八年間的國共內戰時期的「反內戰、反迫害、反飢餓」運動，又一次形成全國各地學運反政府。兩次學運國民黨政府均未處理好，造成知識分子與政府對立。

七十年代國民黨領導階層在處理保釣學運時，仍未能吸收過去兩次處理學運的失敗經驗，甚為惋惜。國民黨高層面臨學生愛國運動，一向缺乏積極有效處理的手段，在幹部訓練上也一向缺乏「了解群眾、進入群眾、帶動群眾」的素養，更缺乏「有了條件，充分運用條件；沒有條件，積極創造條件」的作為。對不同政治傾向的群眾，灰色地帶的群眾之接觸、轉化及聯合戰術，更是闕如。

在美國宣布要在一九七一年六月十七日和日本正式簽約，把琉球和釣魚台送還日本的決定之後，於是台大學生決定在那天舉行示威遊行。遊行的前一天晚上，大家正在製作標語，一個教官跑來跟同學說：明天誰敢上街就逮捕誰。屋裏的空氣一下子凝固了，大家都很緊張。這時有個來自韓國的僑生站起來說：「是我主張要上街的，你來逮捕我吧。」之

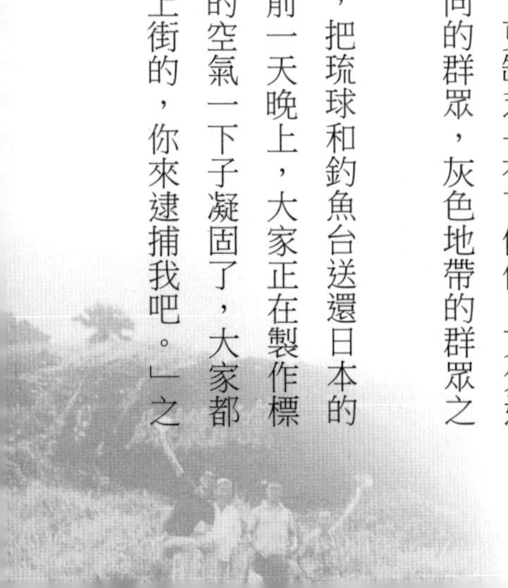

後學生們一個個都站了起來，教官一看情勢不對，趕緊和上面聯繫。當時蔣經國派張德浦來台大處理這件事情，他算是國民黨裏的開明派，他說遊行可以去，但要遵循三個原則：人數越少越好，時間越短越好，路程越短越好。後來陳水扁以此為藉口，指責這次遊行是台大組織的，屬於官方默許的行為，實在是很沒道理。

台灣大專院校學生保釣遊行

但是這次遊行沒起什麼作用，釣魚台還是沒有拿回來，國府為了聯合國席位，在國際上需要朋友，不能製造敵人，當然不敢對日本強硬。但那次遊行之後，台大接連舉辦了「言論自由在台大」、「民主生活在台大」等大型座談會，可以說保釣運動煽起了台大學生追求民主自由的政治熱情。不過台大出現了兩派聲音：一派認為日本人之所以敢欺負我們，就是因為國家分裂，因此中國必須團結起來才有力量，這樣一來，開始有統一的聲音和想法；另一派則認為不能接受共產黨那一套，台灣自己應該先實行民主，於是「台獨」的聲音就出現了。一九七二年十二月四日，台大學生舉辦民主主義座談會，請兩派學者上臺發言，結果「統派」聲音壓倒一切。會議結束後，「台獨」團體寫文章攻擊「統派」，開始了戰後台灣校園內的第一次統獨論戰。從此獨統問題成為台灣前景的一座山，到今天還沒法兒翻過去。當初身為《中國時報》記者的我，真是沒想到會演變到今天的局面，世局變化真是詭異。

如今釣魚台之爭已延續半個世紀有餘，而且還要不斷地爭執下去；「保釣運動」也已發生了四十二年，而且也因前面的因素而繼續錯綜複雜地發展，將來必有更意外之發展，我們可以拭目以待。

8. 釣魚台國際法分析以及「第三清德丸事件」

領土的擁有是一個國家的根本，但國與國之間的領土有了紛爭，自文明以來，只有三種方法解決：第一是武力奪取，第二是國際機構仲裁，第三是互定條約，限定權利及義務。如今要討論的是第三項：條約的限定。以此說明釣魚台列嶼在中、日、美三國所定的條約中，現狀應該如何？

依國際法的慣例：最後簽訂的條約最有約束力。因為在此約之前的承諾、條約，自然消失，以前的一筆勾銷，從頭開始。

就釣魚台的主權來說，無論是日本人慣用的「無主地先佔（terra nullius）理論」，還是我們的歷史淵源、地緣延伸，還有許多國際法引用的慣例：時效（prescription)原則、禁反（estoppel）原則、剩餘主權（residual sovereignty)、關鍵日期（critical date)等這些理論，都在日本接受《波茨坦宣言》，無條件投降之後，就沒有必要再討論研究，更不需要辯駁得口乾舌燥了。

《波茨坦宣言》第八條規定：「重中《開羅宣言》中的內容應被履行，並且日本的主權必須被限制在本州、北海道、九州和四國以及吾人所決定的其他小島之內。」

這也清楚的說明日本在接受《波茨坦宣言》而無條件投降之後，其領土絕不包括琉球羣島（即沖繩羣島），更和釣魚台牽連不到任何關係。

不過在《波茨坦宣言》中，依原來《開羅宣言》之條文，美、英、蘇、中也被規定「不能擴張領土」，這也是美國只能「托管」琉球，不能佔領其地的主因。

如今第二次世界大戰勝利的同盟國沒有擴張領土，但戰敗的日本卻擴張領土，並把包括釣魚台列嶼的琉球羣島竊佔，這真是世界道德及公理的最大諷刺，追根究底，原因就是美國介入。

美國「托管」琉球的根據，是一九五一年率同四十八個同盟國和日本簽署的《舊金山和約》，而此約卻把與日本血戰八年的中華民國排除在外，蔣介石在其日記中痛陳：「**今天九月三日為日本投降六週年，美在此日於舊金山召開對日和約會議，摒除我國於和約之外，此為對我國最大之辱！**」但美國還是根據和約的第三條，受聯合國委託，「托管琉球」。而《舊金山和約》是以《波茨坦宣言》為藍本而簽訂，《波茨坦宣言》又以開羅會議為準則。國際間的條約環環相扣，看來複雜，其實也簡單，順藤摸瓜，根源還是《開羅宣言》。

整個過程中，最使中華民國難看的，還不僅是「摒除我國於會議之外」。若依《開羅宣言》的內容，無論「托管」還是「歸還」，除日本四大島之外的各小島，需要《開羅宣言》中註明的「吾人」即同盟國同意。但美國「托管」根本沒問過中華民國，如今「歸還」更沒隻字片語告知中華民國。更讓人不平的是，一九五三年公佈的「27號令」，根本連通知都不通知，就把屬於台灣省宜蘭縣頭城鎮大溪里的釣魚台列嶼，劃入琉球羣島內。所以所有美國對日本的承諾，釣魚台主權的轉讓，對中華民國而言，不能被承認，更無約束力。今天釣魚台的衝突爭端，美國雖不是罪魁禍首，但須負極大的責任是無可諱言的。

以上的論述都是以國際法、條約法以及美國外交手段為出發點來看此爭端，但事實上，從一九四九年開始，我們已實際佔領釣魚台，而且實際應用，並有効管理此島。

從中華民國國防部史政局的檔案，以及美軍太平洋艦隊司令部已公開的1955PF7TH03file中，至少有兩件事實說明釣魚台被中華民國軍方使用，第一次使用的紀錄比較短，即一九四九年，中華民國遊擊隊自舟山群島撤退時，一度駐紮釣魚台列嶼。

此事在國防部的記錄也不多，所幸尚有國防部技術室少將王微的部份報告，王微將軍從西北到大陳，一直是胡宗南的副手，尤其在胡宗南化名秦東昌為反共救國軍總司令時，更是主要幕僚，其回憶錄應屬正確，其重要內容如下：

反共救國軍主要策劃者，王微將軍

大陸撤退後，沿海遊擊隊大致有三種成份：一種是抗日時期的遊擊隊，在抗戰結束後有些未全部解散，有些仍保留組織，如獨立卅六縱隊總司令王相義為最大的一支，廿九縱隊林篤弇也是抗戰勝利後未解散的部隊。第二種成份是幫會，主要是上海一帶的青幫。十六年的清黨，青幫為中央出過力，因此為共黨所不能容，大陸淪陷後他們便組織成為遊擊隊，如張為邦、袁國祥、吳澍霖等。張為邦乃浦東小頭目，屬下皆為上海碼頭船夫，他們自備船隻。第三種成份是各縣自衛隊、員警自衛隊等。員警和自衛隊多數是年輕光棍，對家室顧慮很少，舟山羣島撤退時，他們立刻結隊亡命外島，根據無線電波的標示，就是現在的釣魚台，其中還包括傳奇性的女游擊英雄黃百器（黃八妹）的部隊。後來因水源和給養的問題，轉往大陳羣島，大陳撤退後還台。

黃八妹，浙江平湖人，原名黃有梅，生有一女，名黃安德，抗戰勝利之後，改名為黃百器。她本是一漁家女，富有愛國思想，對日抗戰時，穿著土布衣，頭戴軍帽，腰掛兩

黃八妹

支左輪，人稱「雙槍黃八妹」。初任護航隊隊長及忠義救國軍區司令。有時駕著帆船，冒充打漁人；有時蹲在海邊，偽裝尋貝殼的人，遇到日軍，先以甜言蜜語，誘之入殼，然後拿出雙槍，殺他一個不留，被譽為女中英豪。

她的丈夫名謝友聲，綽號太保阿田，是一純粹職業軍人，在抗戰剿匪戰役中，功績卓著，中央曾授以第六十七師師長軍銜。大陸撤退前，謝友聲和共軍於浙西激戰五天五夜，終以彈盡援絕，被俘殉國。一九四九年，黃八妹任浙東游擊司令部北海縱隊司令，她就是在此時率部進佔釣魚台。她在大陳撤退到台灣之後，為照顧自已的部下、眷屬，自食其力，在臺北縣新店鎮江陵里創辦「大陳婦女手工刺繡縫紉所」，所出成品相當美麗，曾參加臺北、台南兩次商展，均深受好評。這種能武能商的女中丈夫，真奇人也。

第二件和釣魚台發生關連的，則為「第三清德丸事件」，此事件曾在國際間鬧出不小的風波。事件起因得從「反共愛國軍」從大陳撤退說起：

一九五四年九月三日，解放軍對金門發動大規模的九三砲戰，引發第一次台海危機。韓戰停戰後，解放軍迅速強化東南沿海的基礎建設，從一九五〇年起，上海修建可供噴射戰鬥機起降的機場，試圖奪取被國民政府掌控之制空權。一九五四年，國共曾多次於東南沿海進行空戰，位於台灣的噴射戰鬥機航程不足，無法支援大陳地區，只能依靠P-47維持戰力；在技術優勢下，解放軍空軍取得了大陳週邊的制空權。一九五四年十一月十四日，駐守大陳的太平艦遭解放軍魚雷快艇擊沉，國民黨政府於大陳地區的戰力迅速萎縮，只能固守各島，失去主動權。

中共在取得客觀條件優勢後，一九五五年一月十八日，解放軍突擊一江山島，激戰一日過後，攻下一江山島。由於一江山島是大陳島的屏障，失去一江山後，大陳島的防守也相對困難很多，加上以距離而論，台灣到大陳島，較中國大陸到大陳島的距離遠，在物資補給與戰力維持上相對不易，解放軍的米格—15戰鬥機在當地擁有空中優勢。雖然中華民國與美國簽署有《中美共同防禦條約》，但是金門、馬祖及大陳島都不在共同防禦的範圍之內（防禦範圍僅限於台灣與澎湖），經過多方評估後，最後國民黨政府決定主動撤離大陳島，將大陳島上的居民與軍隊全數遷移至台灣，加強鞏固對台灣本島的防守。

國民黨政府決定自大陳撤退後，國防部將撤退行動命名為「金剛計劃」，由美國第七

艦隊和國軍合力，進行大陳島上軍民的撤退行動。

計劃中，美軍主要負責大陳島上居民的撤離，並協助航行路線的防衛，在整個撤退過程中，大陸軍隊（中國人民解放軍）沒有對此一撤退行動進行干擾，也間接保證了此一撤離能順利完成。其原因是，一月三十日，美國政府決定幫助國民黨部隊（中華民國國軍）從大陳島撤退時，已通過蘇聯政府向中國大陸政府轉達了資訊：希望在美軍幫助國民黨軍隊撤離大陳島時，解放軍不要採取行動。中國政府接到蘇聯轉達的這一資訊後，指示人民解放軍，不要攻擊從大陳島撤退的的美軍與國民黨軍。由於大陸方面的間接默許以及美國的協助，使得撤離行動得以和平順利的進行與落幕。總計大陳島四天一共撤離了全數大約二萬八千名的居民與軍隊，其中居民前往台灣安置，軍人則移防至金門、馬祖等地。其後，中華民國反共救國軍自大陳島撤退後，曾於釣魚台短暫駐軍。

從王微將軍的回憶錄中得知，駐紮的部隊也是個女指揮官，名為張希敏，部隊因為是遊擊隊編制，周至柔和胡宗南又不和，沒發軍餉，故部隊番號、名稱複雜而很難確定，但張希敏資料還算完整。

張希敏，河北人，祖父為畫家，早年父母雙亡，於上海擔任女工，邂逅一位吳姓的軍統女同志，這位軍統同志見她活潑可愛，頗為熱心照顧，張希敏受了她的影響，抗戰期間，張希敏從上海體專畢業後也參加了軍統工作。抗戰勝利前夕，日軍擊落一架美軍飛機，駕駛員在她的營救掩護下脫險，她的姑母和吳姓的同志也因此為日軍所殺害。抗戰勝利後，毛森在上海組織地下防諜人員時，張希敏已經成為其主要幹部。上海淪陷後，張氏率領數百同志先到嵊泗列島，後來企圖進佔大陳島，為王相義所拒，於是轉進一江山，荒無人煙的一江山便是在她的手中開發的。一九四九年九月，她與共黨打過一次極激烈的戰鬥，在戰鬥中她險遭共黨俘虜，幸為獨立第七縱隊營救脫險。大陳撤退時，她本人在南麂島，是最後一批撤離的「反共救國軍」，她的一個連從南麂撤到釣魚台列嶼中的釣魚臺本島。

她的部隊有六艘機帆船，並配有六零迫擊砲。一九五五年三月二日，站在釣魚台山頂瞭望的排長，發現有不明大型船隻駛向釣魚台本島，馬上以無線電話連絡泊在灣內的兩艘機帆船起錨，又衝下山頭，叫迫擊砲準備定點射擊，結果當此不明船隻駛近釣魚台六千碼時，第三枚六零迫擊砲彈打在船尾邊，掀起一波浪花，船上有三人因此落水，這艘不明船隻沒有表明船籍，趕緊開足馬力離去。由於逆風的關係，反共愛國軍的機帆船無力追趕，再回來搜尋時，海面已無人蹤。

後來從無線電通話中察覺是琉球漁船，落海者為三名琉球漁民。此即為一九五五年代很棘手的「第三清德丸事件」。

此案發生後，琉球指揮部很快對此展開調查，矛頭當即指向國府，還好經辦此案的是中華民國外交部政務次長時昭瀛，這位外交界才子用中美協防條約中的架構，把美國琉球指揮部說得服服貼貼，很快把全案化之無形，不但沒有賠償，還得到琉球方面承認該船擅自闖入釣魚台領海。從此以後，琉球漁民認為釣魚台屬於台灣，再也不到那裡捕魚。

由於「第三清德丸事件」的解決，釣魚台列嶼曾對兩次拆船事件提供了方便：

一九六七年四月，巴拿馬籍萬噸級貨輪「銀峰號」在南小島附近擱淺，台灣的興南工程公司為拆除沉船，曾於一九六八年派工人上南小島，在島上建有房舍並設置起重機等機具。

一九六八年三月，臺灣籍「海生二號」貨輪在黃尾嶼附近觸礁，龍門工程實業公司為打撈拆除沉船，曾於一九七〇年間派工人前往黃尾嶼，並在島上建造碼頭、台車軌道及房舍等建築。

對於台灣的工程公司曾在釣魚台列嶼附近打撈沈船及在島上拆船的詳細經過是：

一、一九六八年八月，台灣業者曾經在南小島進行沉船解體作業。八月二十日，琉球政府法務局出入管理廳主管人員發現台灣的打撈沉船公司——興南工程，已設置了帳篷與起重機以進行沉船的解體作業，由於業者沒有護照與入境許可證，立刻命令「非法」入境者離去，並勸告其申請南小島的入境手續。興南工程公司嚴詞拒絕。同年八月三十日與隔年的四月廿一日，該業者兩度上島，還是不理會琉球政府的要求。又分別於一九六八年八月一日與隔年的十月三十一日兩次登島，皆不理會琉球政府的要求，因為該打撈沉船公司的負責人，除了持有台灣交通部的拆船執照之外，還有台灣警備總部的出境許可證。由此可充分證明，台灣政府是充分意識到南小島為本國領土。

二、一九六八年三月，因颱風而觸礁的台灣籍貨船「海生二號」被風浪打上黃尾嶼海岸。一九七〇年七月，十四名台灣工人登上該島嶼進行拆船作業。這些工人與南小島的情形一樣，確認是本國領土，而且同島北邊距岸三百公尺處停了一艘廢鐵搬運船「大通號」，該船曾於一九七〇年七月一日來過黃尾嶼，可是因為颱風的緣故，留下了四名作業員後返回基隆，接著七月七日又再度從基隆出航，九日到達黃尾嶼，該船持有正式的出航許可，以及中華民國警備總部核發的出境證。雖然琉球政府曾勸告這些登陸者及「大通號」上的工人離開，可是拆船作業的負責人回答說：觸礁船是台灣的船，這座島是台灣羣島的一部份，不需要外國政府許可。琉球政府人員也就不了了之。

以上幾件事實，主要是要說明日本在接受《波茨坦宣言》之後，中華民國是最先佔有釣魚台的，並且實際管理、應用，這在將來的國際仲裁上是強而有力的證據，並且還有

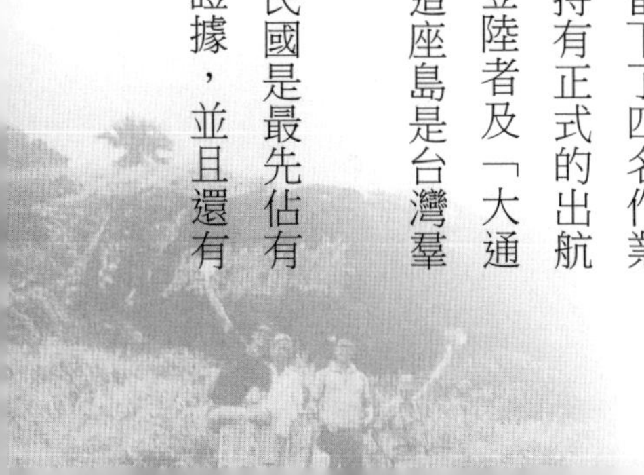

公、私文書存放於各處，不是美、日可以聯手掩蓋的。

關於釣魚台的爭端，兩岸兩個政府不但因為內戰而讓日本得到便宜，同時也犯了很多錯誤（兩岸在釣魚台問題上所犯的錯誤，另有專文揭露），現在亡羊補牢，為時尚不晚。但是以上兩件駐軍之事、兩件拆船之經過，我們的外交部、經濟部、國防部、交通部、警備總部等相關單位是否還保留完整的歷史資料呢？如果有，這也非有礙國家安全之歷史，何不有系統的公佈、昭告天下呢？如果有資料，但無人能總其成，那是政府無能；如果散失殘缺，無法還其原貌，那我們的政府又犯了一次嚴重的錯誤，此不僅是士大夫之恥，更是國恥！

9. 兩岸領導人在釣魚台問題上所犯的錯誤

釣魚台列嶼的問題，已從「亞洲的鞭炮場」邁向「東亞的火藥庫」。走到今天這個地步，外來的因素，是日本的野心、美國的策劃、能源的發現。而中國人淪落至今日的被動狀況，兩岸領導人，如蔣介石、毛澤東、周恩來、鄧小平甚至是李登輝，都眼光不遠，失策頻頻，現將這筆帳算一算，他們在面對歷史時，可能有些負面評價。

一九七二年中日建交的時候，日本首相田中角榮就向毛澤東道歉：「啊，對不起啊！我們發動了侵略戰爭，使中國受到很大的傷害。」毛澤東說：「不要對不起啊，你們有功啊，為啥有功呢？因為要不是你們發動侵華戰爭的話，我們共產黨怎麼能夠強大？我們怎麼能夠奪權哪？怎麼能夠把蔣介石打敗呀？」他感謝田中角榮。然後毛澤東接著說：「我們如何感謝你們？我們不要你們的戰爭賠

田中角榮(右)與毛澤東於北京會面

償！」（摘自《田中角榮傳》）

當然，這段「毛語錄」來自日本人口裏，是有其陰謀的。但做為一個國家領導人，其一言一行將來都是要面對歷史的。說抗戰八年，死傷二千一百萬中國人，財產損失三千億美元，換來中國共產黨執政，所以日本侵華是「有功的」。這種心中只有權力，沒有國家的執政者，不但讓日本人瞧不起，更加速其擴張琉球的決心。毛澤東的這番「謬論」，不知百年後對他會是何評價。

其實毛澤東這段「新奇」的言論，和釣魚台的關係只是間接的，充其量的影響只是加快了中日建交的步調，以及加強日本收回琉球的野心。說到和釣魚台有直接關係的，而且要放在歷史層面來檢討的，首先就要提蔣介石。

對日抗戰勝利，日本無條件投降，蔣介石面對的環境是這樣的：中國已打得民窮財盡，百廢待舉；蘇聯崛起，共產主義漫延，欲反共只有靠美國，而美要中、日聯手才能制衡蘇聯，故對日本不能下重手要求賠償。雖然中國是開羅會議及《波茨坦宣言》中的簽字國，但面對羅斯福、邱吉爾、史達林這些國際級的謀略家，處處不順，時時被牽著鼻子走，他在日後的日記中，反省、檢討最多次的，就是和史達林、羅斯福、邱吉爾等人打交道的經過，尤其和史達林有關的《雅爾達密約》，一提到就悲憤無比。

在這到處都是陷阱的國際舞臺上，蔣介石能把東三省、台灣、澎湖收回，再加上支持朝鮮獨立，已算是很不容易了。但歷史告訴我們，蘇聯、英、美都是為本身利益，對中國都是口惠而不實惠。蘇聯得到的是：蒙古獨立、扶持中共，把蔣介石趕出大陸；英國則是「台灣地位未定論」的始作俑者；而美國則來個「琉球托管」，讓中、日永無寧日。以中華民國現在的處境而言，「聯中反日」太危險；「獨自反日」在台灣島內有人扯後腿；至於「共同開發」的建議則是國弱言輕，沒人理會。

追根究底而言，造成今天釣魚台列嶼問題的根源，就是從琉球托管開始。琉球羣島的「球」，在《說文解字》就是繩子的意思，其實和日人稱沖繩羣島的意思是一樣的。在第二次世界大戰末期，美國花了五萬大兵的傷亡才把它攻下，代價花得很大。在地理位置上，琉球可以堵截中共東出太平洋，西北可以防備北韓蠢動，北可監視蘇聯擴張，更可防堵日本軍國主義再起，以保衛美國的關島、夏威夷等二、三防衛島鏈。美國現在仍保有在本土以外的最大空軍基地加手納（Kadena Air Base)以及陸戰隊基地普天間（Futenma MC Base)。

一九四三年十二月三日，中、美、英、蘇四國在《開羅宣言》上簽字，其中一款是：「四國絕無擴張領土之心。」因此正義凜然的美國再怎麼想要這個羣島，也不敢大言不慚的宣佈佔領。於是羅斯福、杜魯門、杜勒斯、艾奇遜、季辛吉、尼克森這批人花了廿年功夫，創造無數名稱、條約，如「托管」、「剩餘主權」、「27號令」，最終目的就是不放棄在琉球的「駐軍權、領事裁判權」，儘管名稱上是「托管」，甚至是「歸還施政權」，但實質上和「無限期佔領」相差甚微。這些爾虞我詐的花樣（tradecraft），在國際間屢見不鮮。

很詭異的是，一九四三年羅斯福在開羅會議的第一天和蔣介石見面時，就提出要把琉球羣島交給中國接收管理，並在兩天後二度提出（見第一章〈釣魚台與我〉），蔣介石當時拒絕，並以中、美共管回應，羅就再也不提，最後結局是美國單獨「托管」。回溯當時，羅斯福明知蔣介石只要東北、台、澎，蔣也沒有海軍實力，更無對「琉球」方案（早從史迪威那兒知道），他居然提出兩次，居心何在？事隔七十年，才知他是「將欲取之，必先與之」，等到蔣想要的時候，再回頭已是百年身了。

當然也有人認為蔣應當機立斷，拿下琉球，今天所有的問題不就引刃而解了嗎？這也不盡然，蔣介石如答應接管，首先中國就面臨違反《開羅宣言》中的條款，其次中國又無遠洋海軍，還不是要靠美國協助，最後必然揹上「違約」罪名，下場可能更慘。總括而論，當蔣在《開羅宣言》上簽字，在琉球的問題上面，就已經中了美國的圈套，「接」或

「不接」都得不到好結果。

從上述分析，形勢比人強，蔣介石已註定成為琉球問題上的輸家，要怪只能說「時不與也，非戰之罪」，對他實在不忍苛責。但是對於一九五三年十二月廿五日，美國琉球托管政府發佈的「27號令」，把釣魚台列嶼劃入琉球羣島，而當時的中華民國總統蔣介石卻沒有聲明反對，整整十七年後，才在一九七一年六月十八日，由外交部發表「釣島主權」聲明，這時日本已用國際法中的「禁反言原則」（Estoppel principle）強詞奪理了，這是蔣介石要負責任的，是缺乏遠見的錯誤。

美國陸軍中將奧登(David A. D. Ogden)代表「琉球美國民政府」(United States Civil Administration of the Ryukyu Islands，簡稱 USCAR，即美軍在琉球設置的統治機構)發佈「27號令」，即關於「琉球列島地理界線」的佈告。該佈告稱：「根據一九五一年九月八日簽署的對日和約（即《舊金山和約》），有必要重新指定琉球列島的地理界線」，其中第一條規定，當時「琉球美國民政府」管轄的區域為：

第一點：北緯廿八度、東經一百廿四度四十分。

第二點：北緯廿四度、東經一百廿二度。

第三點：北緯廿四度、東經一百卅八度。

第四點：北緯廿七度、東經一百卅一度五十分。

第五點：北緯廿七度、東經一百廿八度二十分。

第六點：北緯廿八度、東經一百廿八度二十分。

以上六點連結成一梯形區域。而釣魚台列嶼正好在第一、二點所連成之界線邊上，成為琉球領域之一部分。

「27號令」在公佈時只公佈經緯度，沒有說出地名，更沒有人去注意，故有一部份歷史學者認為美國耍詐，以致台北國府沒有察覺，當然沒有抗議。

當時東亞情勢也十分曖昧：韓戰剛在同年七月廿七日結束，中共殺傷美軍十四萬，成為令美國害怕的敵人之一；美、蘇冷戰進入危險期；中華民國已退守台澎。美國務卿杜勒斯為防堵共產黨進一步武力攻擊自由地區，設計第一島鏈，但琉球和台灣間有不明確的空隙，是以用行政命令「27號令」把釣魚台這個空隙補進防堵島鏈中。

在當時防共的大前提下，中華民國顯然是樂見其成，尤其在一九五八年「八二三」金門砲戰中，壓制中共砲火的二〇三公釐口徑的八寸砲，就是從琉球運去的，這更證明島鏈快速反應的打擊能力，琉球有著重要的戰略地位。想當然這是蔣介石沒有出聲反對的原因。但任何國家的領導者，對領土問題絕不能掉以輕心，這是最基本的常識，國家的領導人在宣誓就職時，都要宣誓必須維護領土主權的完整，怎麼可以讓一個小將官、一張通報，就把八個最靠近台灣宜蘭縣的島嶼給劃走了呢？最起碼也要聲明：「為反共大業可暫時併入琉球防區，但主權仍歸屬中華民國。」只是很可惜地，到今天仍未發現一字、一紙的聲明。要說上了美國人的當，那沒話說；但如明知而不抗議，那真是眼光短淺。

當時台灣不反對，為了「防共」這是可以理解的；但中共在當時也從未聲明反對「27號令」，倒是有些不可思議。照理中共是島鏈所防堵的敵國，當時中華民國、美、日視中共為不安全者，中共又不斷宣稱台灣是中華人民共和國領土的一部份，當領土被美國劃走時，居然也不發一言，直到一九七一年十二月三十日才首次發表正式聲明，時間整整晚了十八年。其聲明如下：

> 近年來，日本佐藤政府不顧歷史事實和中國人民的強烈反對，一再聲稱對中國領土釣魚島等島嶼「擁有主權」，並勾結美帝國主義，進行侵吞上述島嶼的種種活動。不久前，美、日兩國國會先後通過了「歸還」沖繩協定。在這個協定中，美、日兩國政府公然把釣魚島等島嶼劃入「歸還區域」。這是對中國領土主權的明目張膽的侵犯。中國人民絕對不能容忍！美、日兩國政府合夥製造的把沖繩「歸還」給日本的騙局，是加強美、日軍事勾結，加緊復活日本軍國主義的一個新的嚴重步驟。中國政府和中國人民一貫支持日本人民

為「歸還」沖繩的騙局，要求無條件地、全面地收復沖繩而進行的英勇鬥爭，並強烈反對美、日反動派拿中國領土釣魚島等島嶼作交易和藉此挑撥中、日兩國人民的友好關係。

釣魚島等島嶼自古以來就是中國的領土。早在明朝，這些島嶼就已經在中國海防區域之內，是中國台灣的附屬島嶼，而不屬於琉球，也就是現在所稱的沖繩。中國與琉球在這一地區的分界是在赤尾嶼和久米島之間，中華民國台灣的漁民歷來在釣魚島等島嶼上從事生產活動。日本政府在中日甲午戰爭中竊取了這些島嶼，並於一八九五年四月強迫清朝政府簽訂了割讓「台灣及所有附屬各島嶼」和澎湖列島的不平等條約——《馬關條約》。現在，佐藤政府竟然把日本侵略者過去掠奪中國領土的侵略行動，作為對釣魚島等島嶼「擁有主權」的根據，這完全是赤裸裸的強盜邏輯。

中共當時為何沒有即時提出反對「27號令」的聲明，是不是也和蔣介石一樣，中了美國及琉球托管局的奸計？這十八年中，中共沒有任何文件的解釋，主因在於中共自已的內部問題不斷，然而吊詭的是，中共的對外聲勢卻不斷升高，上面那段聲明竟還吸引了一半以上的台灣留美學生向左轉，他們那裡知道，中共的敵人把領土私相授受給日本，而中共居然默認了十八年，噤若寒蟬，如何不讓明眼人痛心?!如今把釣魚台主權喪失的責任放在天秤上秤量的話，那毛澤東、周恩來的責任要比蔣介石多一些，至少是六：四的比例。

中華民國在中共發表上述聲明的前二個月退出聯合國，由中共取代其席位，成為安理會常任理事國。照理說這樣一個重量級的會員國，對於釣魚台列嶼的歸屬問題必有舉足輕重的發言權，但他為了和日本建交，贏取更大的經濟利益，對釣魚台問題放水了。

一九七二年九月廿五日至三十日，日本首相田中角榮等政府官員訪問中華人民共和國，田中在會見記者時說：在會談中，日本方面提出「想把尖閣列島主權問題弄個水落石出」，但中國總理周恩來表示，「在這裡就不要討論了，在地圖上找不到，只不過是由於石油問題才出現爭論的嘛。」很明顯的避免接觸這個問題。像周恩來這種國家總理，指點江山，呼風喚雨，又是聯合國安理會的常任理事國，居然這麼不願意負責任解決問題，連在談判中，對領土主權爭都不爭，反而留下被日本輕視的紀錄，說周是外交天才，但這段歷史卻不會給他正面評價。

事隔六年之後，也就是一九七八年，中共還是拿不出對釣魚台列嶼的解決方法，那年十月廿五日，當鄧小平訪日時，他回答記者問到釣魚台問題時，是這麼說的：

「我們把尖閣列島叫作釣魚島等島嶼。因此從名稱來看，稱呼也不同。關於這一點，雙方確實有意見分歧。中、日邦交正常化時，雙方約定不談這一問題。在這次進行《中日和平友好條約》談判時，也一致同意不談這一問題。從中國人的智慧來說，只能考慮採取這樣的方法。因為一談這個問題就說不清楚了。一部分人想利用這一問題來挑撥中、日兩國之間的關係。因此中、日兩國政府認為，進行談判時最好迴避這一問題。這個問題暫時擱置起來也沒有關係。擱置十年也沒關係。我們這一代人缺少智慧，談這個問題達不成一致意見。下一代人肯定會比我們聰明。因此，那時一定會找出雙方都能接受的好方法。」

這又是一種推卸責任的手法，現在不要談，以後再說，總之鄧小平對《中日和平友好條約》的興趣、優先次序，遠超過釣魚台主權的歸屬。

周、鄧的這兩次談話，在日本當局來研判，就是「我們沒法子，但也不願撕破臉，等我們從你那裡拿到實質好處，再談這個問題。」這是緩兵之計，日本何曾不知，怎麼會依你的指揮棒起舞，結果加速日本實質佔據釣魚台的步驟。一九七八年，「日本青年社」再次到釣魚台本島建立直昇機場。釣魚台主權問題自此走入白熱化。所以嚴格地說：周恩來、鄧小平那自以為聰明的手法，其實是為釣魚台主權的問題帶來更多的麻煩，由於他們不負責任，後果卻讓子孫來承擔。

其實在釣魚台問題上，使後面的人難以為繼的，還有台灣的前領導人李登輝，他在二〇〇八年以卸任總統身份訪問日本，並到靖國神社弔祭其兄李登欽。於九月廿四日在沖繩縣知事仲井真弘多主辦的午宴上，李登輝說：「尖閣列島無可爭議是日本領土，不存在主權問題」。二〇一一年一月，在接受《文藝春秋》專訪時，李登輝又重申了以上立場。可是直到今天，他從來沒說明理由及根據。對日問題專家陳鵬仁教授有這麼一段回憶：

「我在一九九〇年十月廿四、廿五日在《中央日報》寫了〈釣魚台不是日本領土〉的文章，李登輝叫蘇治誠打電話給我，希望我再寫一篇從國際法觀點談釣魚台歸屬的文章，暗示要公平點。

當時陸委會副主委馬英九曾送我一本有關釣魚台的英文著作（是馬英九在哈佛大學的博士論文，題目是：《怒海油爭：東海海床劃界及外人投資之法律問題》），我遂向李登輝建議，由馬副主委來寫，但他好像不欣賞馬英九，這篇文章也就無疾而終。

後來和蔣彥士談到此事，他用英文說：你這個人太老實，他要你寫你就寫，好壞由他認定，你怎麼會建議馬呢？馬的見解當然和他是背道而馳的。

我不是不肯寫，而是基於學術的良心，今天，李登輝說釣魚台是日本的領土，他為什麼這麼說，那只有問他本人了。」

從陳教授的這番話有二點可以認定：一、李登輝認為釣魚台是日本人領土的國際法根據，他自已找不到，想請別人幫他找。二、他要人家寫釣魚台是日本人領土的國際法根據，不是日本人領土的根據他不要。一位在《五權憲法》宣誓下就職的中華民國總統，有這樣的思維，怎麼也說不過去吧。此雖不能說是喪權辱國，但在他享受卸任總統待遇的前提之下，這是愧對國家給他的俸祿的。

思維當然影響言行，言行又影響現狀。李登輝的言論果然產生許多不良的後果：第一是日本必以此言論，加強宣傳，迷惑國府民眾的信心；其次是把原本即已懷抱擴張領土野心的日本更加鼓舞起來。再者一個國家的領土，在槍林彈雨中向前推進一尺，是多麼的困難，李前總統顯然不知。同樣的，將來在談判桌上，一個前總統的言論被搬上桌面，我們要如何去辯駁？曾做過總統的李登輝既然要「愛台灣」，至少不要為未來的子孫添麻煩，這樣的言論，對日本的幫助絕對比台灣大，李登輝對釣魚台的未來是不是需要負責任呢？

歷史是面鏡子，尤其是國家受到災難的歷史，更需要像X光機一樣，要非常清晰地攤出來，讓後人引以為鑒。今天把上面五位主政者的失策指出來，目的就是希望成為往後主政者的「反面教育」，千萬不能重蹈覆轍。

10. 蔣介石在日記中對釣魚台問題之記載

「時局與經歷，相互壓迫煎熬，乃撫今思昔，痛悔無比，此故愁苦萬狀，甚望早死為快，此乃從所未有之現象……。」一九七一年六月十八日，《蔣介石日記》。

當聯合國遠東經濟委員會（ECAFE)在一九六九年十月發表有關釣魚台列嶼的「艾默利報告」後，中華民國、日本、中共都陷入這個「怒海爭油」的漩渦中。當時身為中華民國總統的蔣介石，我們從他的日記中得知，他在這個漩渦裏載沉載浮，使足力道，游得非常辛苦，尤其在一九七一年六月還生了一場大病，病因之一就是釣魚台問題，另外是聯合國席位問題。

他在民國六十年（一九七一年）六月十八日的日記裏寫下了這麼一段文字：「本日氣候最沉悶，因內心為時局與經歷相互壓迫煎熬，乃撫今思昔，痛悔無比，此故愁苦萬狀，甚望早死為快，此乃從所未有之現象……。」第二天他用最不工整的毛筆寫了五個字：

「病不能記事。」行筆至此，深感蔣介石真是一位悲劇中註定要失敗的英雄。

蔣介石的病痛是從一九六九年九月十五日就種下病因，那天他在陽明山林頭站發生車禍，他的頭頂、牙齒、膝蓋都受傷，劉玉章將軍在其口述歷史中證實，蔣對他說，這場車禍使他少活十年。自此以後，他開始失眠、食慾不振；就在此時，「艾默利報告」發表，釣魚台問題已吵到自家大門口了。

《蔣介石日記》中最早提到釣魚台，起因還是琉球問題。尼克森於一九六九年十一月十三日宣佈要和日本簽訂《歸還沖繩協定》歸還琉球，蔣在十一月廿二日的日記寫下：

「研究美日歸還琉球公報，我政府對此公報之處理應表示應有的態度，此為美國對我又一侮辱無視之國恥也。」

他還寫：「美日對琉球羣島議定一九七二年交還日本，其發表未經應循程式而遽行決定，引為遺憾，此聲明以保留將來對琉球問題之權利。」

在他的想法，琉球和釣魚台大陸礁層的油礦是兩回事，所以他動作很快，馬上指示中國石油公司和七家美國油商合作探勘。（七家美國油商分別為：美國亞美國際石油公司、美國海灣石油公司、美國大洋探採公司、美國克林頓國際公司、美國康納公司、美國德司福太平洋公司、加拿大緯經公司）

但就在探勘進行期間，一九七〇年八月十日，日本提出抗議，蔣在日記中記下：「日本聲明尖閣羣島為琉球所屬，反對我與美國合作探測該區海底油礦」。

四天以後，八月十四日又寫下：「中美對尖閣羣島海底油礦已經簽字，日本不敢再提異議」。

這就是蔣介石最初的策略，他把釣魚台的問題分開成「主權」和「油權」兩部分，不和你日本在「主權」的問題上糾纏，我捷足先登，先和油公司簽約。

八月十六日，蔣再度寫下關於釣魚台主權問題的文字：「尖閣羣島主權問題，我國不僅沒有承認，連琉球主權問題，在歷史與政治上，任何政府亦未有承認其為日本的，而且二次世界大戰結束，日本投降時已明確承認，其所有外島皆已放棄之事實，以致我政府為和鄰敦睦之宗旨，從未提及主權問題，為此一小島之爭執，危傷和氣而已。但中國政府四百年來之歷史，並未此為日本之主權，亦從來沒有條約規定也。」

九月七日：「向伯聰（魏道明）指示釣魚台大陸礁層之探採油礦問題。」

九月九日：「主持總動員會報，商討釣魚台主權問題」。

九月十一日：「釣魚台羣島主權和我國防有關，絕對不能承認。」

九月十三日：「擬定釣魚台羣島的政策：甲、大陸礁層全歸我所有權。乙、釣魚台陸地，不爭執、不承認為日本所有，作為懸案。」

然後蔣介石在一九七〇年全年反省錄中，第一條就寫下：「釣魚台探採油礦問題是大陸礁層主權，決不退讓，堅持到底。」

事隔三個月之後，保釣運動在全世界各地展開，「主權不能退讓」已成運動主旨，光談「油權」已不能擺平民氣。

更讓蔣介石喪氣的是，七家美、加石油公司，在美、日政府不斷地施加壓力下，紛紛引用合約中之不可抗力條款(force majeure clause)，暫停履約。

所以蔣介石在一九七一年四月七日，就是生大病的前二個月，在日記中留下這段話：

「甲、該釣魚台列島之主權，在歷史及地理上而言屬於台灣省，乃無問題，亦無可辯解之事。乙、事實上現為美軍佔領，其屬何國，當由美國決定，但需遵循程式。丙、如今其臨時交給日本，則我應提交國際法庭，以法律解決之。丁、此事不可能以軍事解決，以我此時無此能力駐防列島，如我兵力分散，則恐為共匪所乘，對我現有基地，且將不保。」

在當時現實的環境中，日本已實質先佔釣魚台列嶼，我們也不可能、也不願訴諸武力，那蔣介石提交國際法庭的方法，不失為較為合理的方案。可惜風雲變色的一件事，把蔣介石最後一線希望給奪走，那就是中華民國在當年十月，退出聯合國，我們不是會員國了。

國際仲裁

想告的，走不進法庭；走得進法庭的，不願提告。

海牙國際法庭是聯合國屬下機構，非會員國不受理，除非有會員國代理提訟，接受仲裁，但一定要履行判決之決定。

當年中華民國沒有佔領琉球、釣魚台，贏了是國運，輸了也就認了。但日本、中共則和中華民國坐在相反的位子，在國際仲裁法庭裁決後，誰也不能反悔的，這也是兩國都不要國際仲裁的原因。

所以在國際間流傳的一則笑話：「想告的，走不進法庭；走得進法庭的，不願提告。」和事實很相近。

對蔣介石而言，他非常用心解決釣魚台問題，他真是窮則變，但大環境又變不通，更不幸的是健康情況，尤其是失眠越來越嚴重，使他過著諸事不順，痛苦煎熬的日子。

直到一九七一年六月十日，蔣介石打起精神，將自己年來最完整的對釣魚台主張，透過外交部聲明，作一次歷史見證，據沈錡回憶錄說，這次聲明是蔣親自審定，字字講究：

「中華民國政府近年來對於琉球群島之地位問題，一向深為關切，並一再將其對於此項問題之意見及其對於有關亞太區域安全問題之顧慮，促請關係國家政府注意。

茲獲悉美國政府與日本政府即將簽署移交琉球群島之正式文書，甚至將中華民國享有領土主權之釣魚台列嶼亦包括在內，中華民國政府必須再度將其立場鄭重昭告於全世界：

(一)關於琉球群島：中、美、英等主要盟國曾於一九四三年聯合發表《開羅宣言》，並於一九四五年發表《波茨坦宣言》規定《開羅宣言》之條款應予實施，而日本之主權應僅限於本州、北海道、九州、四國以及主要盟國所決定之其他小島。故琉球群島之未來地位，顯然應由主要盟國予以決定。

一九五一年九月八日所簽訂之金山對日和約，即係以上述兩宣言之內容要旨為根據，依照該和約第三條之內容，對琉球之法律地位及其將來之處理已作明確之規定。中華民國對於琉球最後處置之一貫立場為：應由有關盟國依照《開羅宣言》及《波茨坦宣言》予以協商決定。此項立場素為美國政府所熟知，中華民國為對日作戰主要盟國之一，自應參加該項協商。而美國未經此項協商，遽爾將琉球交還日本，中華民國至為不滿。

(二)其外交聲明為：關於釣魚台列嶼：中華民國政府對於美國擬將釣魚台列嶼隨同琉球群島一併移交日本之聲明，尤感驚愕。

該列嶼係附屬台灣省，構成中華民國領土之一部份，基於地理地位、地質構造、歷史聯繫以及台灣省居民長期繼續使用之理由，已與中華民國緊密相連，中華民國政府根據其保衛國土之神聖義務，在任何情形之下絕不能放棄尺寸領土之主權。因之中華民國政府曾不斷通知美國政府及日本政府，認為該列嶼基於歷史、地理、使用及法理之理由，其為中華民國之領土，不容置疑，故應於美國結束管理時交還中華民國。現美國逕將該列嶼之行政權與琉球群島一併交予日本，中華民國政府認為絕對不能接受，且認為此項美日間之移轉絕不能影響中華民國對該列嶼之主權主張，故堅決加以反對，中華民國政府仍切盼關係國家尊重我對該列嶼之主權，應即採取合理合法之措置，以免導致亞太地區嚴重之後果。」

這個聲明發表之後，蔣介石在日記中，只在一九七一年六月十六日寫下一段：「和經國談釣魚台問題，美已促日本與我商談，今日美日簽訂交換琉球書」。此時蔣的健康更差，這才有十八日那「苦愁萬狀，甚望早死為快」的記載。計算日期，此後四年不到，即一九七五年四月五日，他懷著許多不甘心的心願逝世於臺北。

11. 釣魚台衝突七十年大事紀

一九四五年九月九日	日本在美國密蘇里戰艦簽署無條件投降書
一九四七年七月二十六日	日外相蘆田均向美國國務卿艾奇遜提出琉球要求，被艾卿喝止，趕出辦公室。日本對琉球之野心一直不死心。
一九四九年十月一日	中共在北京宣佈建國，中華民國退守台灣、澎湖，並佔大陳羣島。
一九四九年十一月	雙槍黃八妹率領一支游擊支隊進佔釣魚台列嶼本島，因水源補給困難，約在一個月不到，轉進大陳羣島之南麂島。
一九五〇年六月二十五日	韓戰開始

11. 釣魚台衝突七十年大事紀

一九五一年九月八日	美、英率四十八個同盟國和日本簽訂《舊金山和約》，中共及國府都被摒除在外，蔣介石在日記中記下：「美賣華辱華，心神悲憤，不知所止。」在《舊金山和約》簽訂當天，美、日馬上簽署《美日安保條約》。依《舊金山和約》第三條，加上《美日安保條約》，美國受聯合國請託，「托管琉球羣島」。
一九五一年九月十八日	中共周恩來發佈不承認《舊金山和約》聲明。
一九五二年四月二十八日	《中日台北和約》簽訂，中華民國和日本結束戰爭狀態。
一九五三年七月二十七日	韓戰結束，聯軍傷亡十四萬，中共傷亡七十六萬。

一九五三年十二月二十五日	琉球指揮官奧登(David A. D. Ogden)並未和任何同盟國協商，甚至未通知聯合國，自行發佈「27號令」，將釣魚台列嶼劃入琉球羣島內，此後有地理學家稱為「琉釣羣島」。
一九五三年三月十七日	「第三清德丸事件」在釣魚台領海發生，三琉球漁民落海失蹤。
一九六一年五月	美國特種部隊受總統甘迺迪之命，移師越南峴港。越戰開始擴大。
一九六一年十月	日首相池田勇人援助琉球政府五億兩千萬美元，要求升掛日本國旗於羣島內。美方同意。
一九六五年一月	日本首相佐藤榮作訪美。
一九六五年八月	佐藤榮作訪問琉球，為首位訪問琉球的日本首相。

11. 釣魚台衝突七十年大事紀

一九六五年十一月	日本同意無息貸款一億五千萬美元給中華民國政府。
一九六七年九月七日	佐藤榮作訪問中華民國，和蔣介石密談，未發佈公報，《蔣介石日記》僅在一九六九年召見日本大使時，承認雙方對琉球羣島的承諾。
一九六七年九月二十日	《經濟日報》因刊登美國將把琉球羣島歸還日本的消息，而被總統府明令封報，後懲處該報總編輯丁文治，六日後復刊。
一九六九年五月九日	日本政府指示琉球石垣市政府派出工程隊，趕往釣魚台樹立界碑，其中正面直書雙行「八重山尖閣群島」，下書直行大字「魚釣島」，側書「石垣市建立」。其旁另有記事碑一塊，上有「八重山尖閣群島」，下有「石垣市建立」，中為「魚釣島、久場島、大正島、南小島、北小島、沖之北岩、沖之南岩、飛瀨」共8個島名。
一九六九年七月二十五日	美國總統尼克森發表「關島主義」，緊縮亞洲政策，亞洲事務由亞洲各國自已協商。此為美國退出越戰的前奏。

一九六九年九月十五日	蔣介石在陽明山林頭站發生車禍，身體日衰。和劉玉章說，因此車禍少活十年。
一九六九年十月	「艾默利報告」（Emory report）發表，釣魚台列嶼附近蘊藏有豐富海底石油，舉世大譁。
一九六九年十一月十五日	美國總統尼克森宣佈：將和日本簽署條約，歸還琉釣羣島之施政權給日本。此即為《歸還沖繩協定》。
一九六九年十一月二十二日	蔣介石在日記中對釣魚台問題記下：「此為美國對我又一無視之國恥也。」並指示有關單位：「美國對琉球羣島定於一九七二年交還日本。應發表：未經應循程序而遽予決定，引為遺憾，此聲明以保留將來對琉球問題之權利。」
一九七〇年八月十日	中華民國政府和美國海灣石油公司等七家美、加石油公司商討簽定探採合約。
一九七〇年八月十四日	日本抗議，表示釣魚台屬於琉球羣島，中、美應停止探採。

一九七〇年九月二日	《中國時報》採訪團登上釣魚台，插旗刻石，宣示主權。
一九七〇年九月九日	蔣介石在日記中指示和美國合作探油，中油公司和七家石油公司簽約。
一九七〇年九月十四日	蔣介石在日記中對釣魚台擬定之政策：大陸礁層主權不讓，釣魚台主權不爭執，也不承認為日本所有權，作為懸案。將「油權」和「主權」分而視之。
一九七〇年十一月十七日	保釣行動運動委員會在美國普林斯頓大學成立，第一次保釣運動從此開始。
一九七〇年十二月四日	一直保持沉默的中共，首次在《人民日報》指責美、日共謀釣魚台列嶼。
一九七〇年十二月十七日	蔣介石又在日記中寫下：「釣魚台問題此時不說為宜，否則被共匪利用、離間；但中美開油合約不能放棄。」

一九七一年一月二十九日	保釣大遊行於聯合國總部、美國各大城市展開。全球華人分別於各地遊行示威。
一九七一年二月十五日	國府派曾廣順（三組副主位）、姚舜（教育部國際文教處處長）二人赴美「疏導」留美學生。
一九七一年三月十五日	廿三位華裔學者上書蔣中正總統，建請政府保衛釣魚台領土，抗拒日本新侵略。
一九七一年四月七日	蔣在日記中再寫下：「應提交國際法庭，以法律解決之。此時不可能以軍事解決，因我此時無此能力，分散則為共匪所乘，對我現在基地，且將不保。」
一九七一年四月十七日	台大、政大等校學生在台北市發動保釣運動大遊行。蔣介石在日記中，認為處理適宜。
一九七一年五月一日	美國艾克尚石油公司以不可抗拒之理由，放棄和中油合作在釣魚台探油。

11. 釣魚台衝突七十年大事紀

一九七一年六月十一日	中華民國外交部正式發表聲明抗議即將在六月十七日簽署的《歸還沖繩協定》，聲明表示：「釣魚台附屬於台灣省，為構成中華民國領土之一部分，基於地理位置、地質構造、歷史聯繫，以及台灣省居民長期繼續使用之理由，已與中華民國密切相連，中華民國政府根據其保衛國土之神聖義務，在任何情形之下絕不能放棄尺寸領土之主權。」
一九七一年六月十七日	美、日簽署《歸還沖繩協定》，定於一九七二年五月十五日交還琉釣羣島。
一九七一年六月十八日	中華民國外交部發表談話，要求美國在歸還沖繩問題上尊重中華民國關於釣魚台列嶼的立場。同年，中華民國政府宣佈釣魚台列嶼隸屬於宜蘭縣頭城鎮大溪里管轄。此後，中華民國對日本多次提出嚴正交涉，重申中華民國對釣魚台列嶼的主權。
一九七一年七月七日	香港保釣行動委員會大遊行，和警察演變成嚴重衝突。

一九七一年九月二日	保釣運動安娜堡會議在美國密西根州召開，台灣留學生開始分裂為左、右兩派，右派退出會議。
一九七一年十月二十五日	中華民國退出聯合國。
一九七一年十一月四日	中共總理周恩來接見美國保釣運動代表，五名左派台灣留學生，即所謂「保釣第一團」。
一九七一年十二月三十日	中共發表反對《歸還沖繩協定》之聲明。
一九七二年二月二十一日	美總統尼克森訪問中共，並在廿八日雙方簽訂《上海公報》。
一九七二年五月十五日	美依《歸還沖繩協定》，交還琉球給日本。

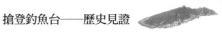

11. 釣魚台衝突七十年大事紀

一九七二年九月二十一日	日本首相田中角榮出訪中共，宣佈將和中共建交。毛澤東對田中表示感謝日本侵華，不然不能奪國民黨的權，故不要求戰爭賠償。
一九七二年九月二十五日	中共總理周恩來在和日本談判建交時，對釣魚台問題明確表示：「在地圖上找不到的地方，我們就不討論了。」顯見為了建交，可擱置一切。
一九七二年九月二十九日	中日建交。
一九七五年四月五日	中華民國總統蔣中正逝世。佐藤榮作率團代表日本政府參加喪禮。
一九七五年四月三十日	越戰結束。
一九七八年四月十二日	在中日建交談判中，超過一百艘以上的中共漁船進入釣魚台領海。

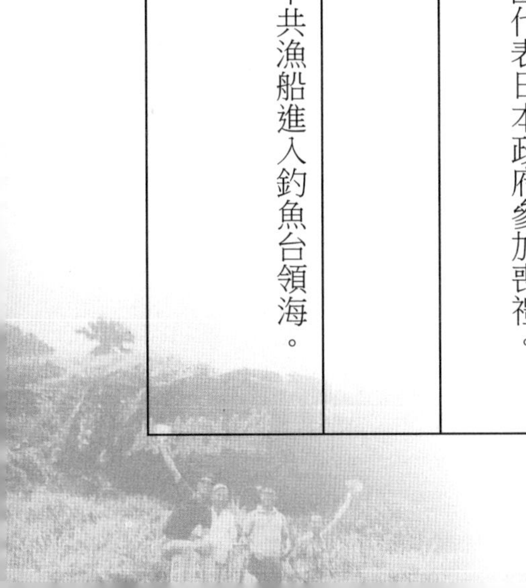

一九七八年五月	「日本青年社」再次在釣魚台興建被颱風摧毀之燈塔。
一九七八年十月二十五日	中共領導人鄧小平訪日，對釣魚台問題表示說：「我們這一代智慧不夠，等下一代有智慧再來解決。」顯然中共當時對《中日友好條約》的興趣，超過釣魚台主權的歸屬。
一九七八年十二月十六日	美國宣佈和中華民國斷交。
一九八二年三月五日	和中油合作探油的餘下六家美國公司，全部以不可抗拒因素，撤消合約。
一九八八年六月	「日本青年社」在釣魚台本島欲建機場，危機升高。
一九九〇年	台灣區運動會，高雄市長吳敦義促使聖火遶經釣魚台並升旗，後因日船阻止未成。台灣反日民意高漲。

11. 釣魚台衝突七十年大事紀

一九九六年七月十四日	《聯合國海洋法公約》生效，二百海浬經濟海域問題，對釣魚台列嶼的歸屬，各國意見分歧，引起全球華人第二次「保釣運動」。
一九九六年九月二十六日	香港保釣行動委員會會長陳毓祥，因無法乘船登島，跳海游向釣魚台，遇溺身亡。
二〇〇四年三月二十四日	中國保釣人士馮錦華等七人，登島成功。
二〇〇八年六月十日	台灣漁船聯合號被日本巡邏船撞沉，十六人獲救，日本道歉賠償落幕。
二〇〇八年九月二十四日	李前總統登輝向沖繩知事表示：「釣魚台是日本領土。」
二〇一一年六月十四日	世界華人保釣聯盟在香港成立，第三次保釣運動又起。

二〇一二年四月十八日	日本東京都知事石原慎太郎宣佈東京都政府將買下釣魚台列嶼，並公開募款，呼籲日本國民踴躍捐助。日本右翼份子表示支持。兩岸政府皆發表強烈譴責言論。釣魚台風雲再起。
二〇一二年九月七日	中華民國總統馬英九赴彭佳嶼，宣示釣魚台列嶼主權。
二〇一二年九月十一日	日本首相野田佳彥宣佈「釣魚台國有化」。引起輿論譁然！兩岸三地華人同聲譴責。東海局勢緊張。
二〇一二年九月十八日	因釣魚台爭議，大陸各大城市出現大規模反日示威遊行。

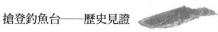

二〇一二年九月二十五日	蘇澳漁民在蘇澳區漁會理事長陳春生的帶領下，率領六十餘艘漁船開赴釣魚台宣示主權，在海巡署十二艘艦艇與海、空軍的掩護下，船隊逼進釣魚台二點一海浬處，後因海象不佳而未登島。此為數十年來我國漁船最接近釣魚台列嶼的一次。陳春生等人於廿七日上午獲總統馬英九邀請入總統府，當面表示嘉許，總統並再次宣示護漁決心與重申釣魚台主權屬於中華民國。 旺旺集團總裁蔡衍明先生個人義捐新台幣五百萬元，贊助此次「九二五保釣行動」。 經過此次「九二五保釣行動」之後，再無我國漁船遭日本巡邏船騷擾、撞沉事件傳出。
二〇一三年四月十一日	台灣與日本簽訂《台日漁業協定》，雙方代表分別為廖了以、大橋光夫。歷經十七次的漁權談判，雙方擱置釣魚台爭議，協定兩國漁民可於北緯廿七度線以南海域、以及日本八重山漁場作業。此《協定》於同年五月十日正式生效。但卻引來沖繩知事仲井真弘多的抗議。

二〇一三年四月二十八日
日本國會通過每年的四月廿八日為「主權恢復日」（《舊金山和約》生效日），並於今年首次舉辦慶祝活動，日本明仁天皇夫婦、首相安倍晉三、參眾兩院院長等各界代表四百餘人都出席了慶祝大會，典禮開頭演唱象徵帝國跟軍國主義的爭議國歌《君の代》，講台正中央懸掛巨幅太陽旗，還在結束時向日皇高喊萬歲。軍國主義色彩濃厚。

從二〇一一年開始，保釣運動都以登島宣示主權為主要行動，並和日本海上保安廳的巡航艇追逐、喊話、用水槍互射；至二〇一三年，衝突不斷升高，有軍事擦槍走火的可能。

11. 釣魚台衝突七十年大事紀

國家圖書館出版品預行編目資料

搶登釣魚台——歷史見證 / 劉永寧 著 --初版--
臺北市：博客思出版事業網：2013.8
ISBN：978-986-5789-05-3（平裝）
1.釣魚臺問題 2.保釣運動 3.文集

578.19307 102014519

當代觀察系列 3

搶登釣魚台——歷史見證

作　　者：劉永寧
美　　編：鄭荷婷
封面設計：孫密德
執行編輯：郭鎧銘
出 版 者：博客思出版事業網
發　　行：博客思出版事業網
地　　址：台北市中正區重慶南路1段121號8樓14
電　　話：(02)2331-1675或(02)2331-1691
傳　　真：(02)2382-6225
E—MAIL：books5w@gmail.com或books5w@yahoo.com.tw
網路書店：http://store.pchome.com.tw/yesbooks/
http://www.5w.com.tw/
博客來網路書店、博客思網路書店、華文網路書店、三民書局
總 經 銷：成信文化事業股份有限公司
劃撥戶名：蘭臺出版社　帳號：18995335
香港代理：香港聯合零售有限公司
地　　址：香港新界大蒲汀麗路36號中華商務印刷大樓
C&C Building, 36,Ting, Lai, Road, Tai,Po, New,Territories
電　　話：(852)2150-2100　傳真：(852)2356-0735
出版日期：中華民國102年8月 初版
定　　價：新臺幣280元整（平裝）
ISBN：978-986-5789-05-3